「助けて」と言える国へ

奥田知志 Okuda Tomoshi
茂木健一郎 Mogi Ken-ichiro

a pilot of wisdom

JN264914

本書の印税の一部はＮＰＯ法人「北九州ホームレス支援機構」に寄付されます。

まえがき

茂木健一郎

人間として生まれてきた以上、充実した日々を送りたい。これは、誰《だれ》にとっても一つの切ない願いであろう。そして、充実とは、受け身のものではない。新しいことに挑戦するよろこびこそが、自分を変え、社会に貢献するきっかけとなるのである。

ところが、これは見落とされがちな点であるが、挑戦とは、一人でするものではない。人と人との絆《きずな》、結びつきがなければ、誰も挑戦などできない。その点において、昨今の日本で喧伝《けんでん》された「自己責任」は、自由闊達《かったつ》なチャレンジ精神からはほど遠かった。

苦しい時に、「助けて」と言えないような社会では、人は、安心して新しいことに挑戦することなどできない。「成果主義」が喧伝され、誰もがいつか自分も転落するのではないかとびくびくし、疑心暗鬼になっているような状況では、新しい領域へ挑むことなど、できはしないのである。

私たち一人ひとりが、本当の意味で元気になるためにも、社会の中の助け合いの精神が

「安全基地」とならなければならない。その意味で、人助けは、決してチャリティのためだけではない。安心して挑戦できる社会となり、経済が発展していくためにも、人と人とが結ばれていることが大切なのである。

奥田知志さんに初めてお会いしたのは、私が司会をしていたNHKの番組「プロフェッショナル　仕事の流儀」のスタジオでのことだった。奥田さんがゲストでいらしたのである。お目にかかってすぐに、その、なんともいえないやさしいお人柄に惹《ひ》きつけられた。そして、そのやさしさの後ろには、途轍《とてつ》もない厳しさがあると予感した。少し話しただけでも伝わってくる情熱の烈《はげ》しさこそが、奥田さんの魅力だった。

奥田さんは牧師さんであり、ホームレスの方々の支援に長年奔走されてきた。その現場で、奥田さんを怒りでふるわせるようなことが沢山起こったらしい。私たちは、他人の窮状に対して無関心という壁をつくることで、結局は自分自身を傷つけてしまっているのではないか。そんなメッセージが、奥田さんの言葉の端々から伝わってきた。

私は、もっと、奥田さんと話してみたいと思った。その情熱の烈しさの由来するところを、知りたかった。奥田さんが、ホームレス支援の現場で積み上げてきた経験、深めてきた世界観に、さらに触れたかったのである。

奥田さんとの対話を通して、私は、もっと賢くなりたいと感じていた。社会の成り立ち、仕組み、「普通の生き方」からこぼれ落ちてしまった時の、人の生き様。私たちの日常のすぐそばにあるはずなのに、なかなか気づかない人生の暗部。奥田さんの話をいろいろと聞いて、もっと学びたいという思いがあった。

このようなかたちで、奥田さんとの対談が実現し、本となって世に問われることは、私にとっての心からの喜びである。奥田さんとの対話を通して見えてきたさまざまなことに、読者の方々にもぜひ触れていただきたい。人生を深く見つめ直し、真にやさしい人になり、自ら挑戦できる人となるきっかけが、この本の中にあると信じる。

一方で、本当に苦しいと感じている人たちには、周囲に「助けて」と言ってよいのだとわかってほしい。肩の力を抜いていいのだ。この世界が、やわらかく人間らしい場所であるということに、気づいてほしいのである。

奥田さんの活動の背後には、キリスト教の信仰がある。私自身はクリスチャンではないが、以前から、「自ら傷ついたものこそが叡智《えいち》を得て、世界を救うことができる」というキリスト教の根本思想に、深い共感と関心を抱いてきた。

人が、ある「場所」にたどり着く道は、いくつもあるのだろう。私は脳科学という観点から、利他的な行動の生物学的な基礎に関心を抱いてきた。一方、奥田さんの活動は、神や人間や倫理に関する、信仰に支えられた深い洞察に基づいている。そんな奥田さんとの対談中、私は、何度も魂がふるえた。精神の美しい火花が散る思いがあった。

生きるって、なんて深いんだろう！　なんという喜びに満ちていることか！　そして、人生というものは、他人との出会いなしではめぐってはいかない。

奥田さんは、「絆（きずな）」という言葉には「傷（きず）」が含まれているとしばしば言う。他人と会えば、傷つくこともある。それでも、他者に出会うこと以外に、人生の喜びを深める方法はない。

奥田さんとの対談を終えた今、私は、前よりもほんの少しだけ賢くなったように感じている。自分自身の人生の挑戦も、今までよりも確かな歩みをもってできるのではないか。

他人と出会うことを、恐れてはいけない。時に傷つくからこその絆である。そして、苦しい時には、お互いに、「助けて」と言ってよい。

人は、傷ついてこそ、やさしくもなれるし、強くもなれる。この本のメッセージが、読者がより元気になって、他者と勇気を持って向き合うきっかけとなってくれたら、これ以上の喜びはない。

目次

＊本文中の聖書の引用は、日本聖書協会の口語訳聖書によります。

〈対談〉真のつながる力とは何か

奥田知志×茂木健一郎

（1）健全に傷つくことができる社会へ

▼寄せ場に通った大学生時代

茂木　奥田さんのホームレス支援活動の原点は釜《かま》ヶ崎《さき》ですよね。

奥田　関西学院大学神学部の学生だった一九八二年、先輩に誘われて釜ヶ崎の寄せ場に行って日雇い労働者の現実を知り、衝撃を受けました。以来、沢山の人が路上死していた寄せ場に通って活動するようになりました。今、非正規雇用が問題になっていますね。一九九九年に派遣労働が原則的に自由化されて、二〇〇三年には製造業派遣なども始まりましたが、元々一九八五年制定された労働者派遣法は、専門職についての派遣労働を認めるものです。私は八五年当時は大学三年生でしたが、あまり大学には行かず、釜ヶ崎という日雇い労働者の寄せ場にいました。

茂木　当時から不安定な就労形態があったんですね。

奥田　そうです。昔から釜ヶ崎の労働者をはじめ日雇い労働者は、〝景気の安全弁〟として使い捨てられていました。国鉄が解体されて一九八七年にJRが発足しましたが、その二年後に総評（日本労働組合総評議会）が解散し、同じ日に結成された全民労連（全日本民間労働組合連合）の後身である連合（日本労働組合総連合会）に合流し労働戦線が統一されるそういう時代です。八五年当時、釜ヶ崎では労働者派遣法に反対するチラシが労働者や私たち学生などの手でまかれていました。でも私には、どうして釜ヶ崎の親父《おやじ》さんたちが、それに反対しているのかが、よくわからなかったんです。人夫出しとか手配師といわれる人たちが釜ヶ崎の寄せ場には介在しており、彼らが労働者を釜ヶ崎から連れていって建築会社に実質売るわけです。今でいうと派遣労働のようなものですが、昔はそれこそ人身売買だといわれていた。連れていくだけで中間マージンをとるわけですから。これは職業安定法が禁じている「労働者供給」にあたります。それを、専門性の高い一部の業種への派遣だけは例外的に認めようというのが、当時の労働者派遣法の趣旨でした。つまり、釜ヶ崎の日雇い労働者は対象ではなかったわけです。だから、なぜ釜ヶ崎の労働者が反対のチラシをまくのかがわからなかった。

奥田知志

茂木　直接は関係ないように見えたんですね。

奥田　はい。ですが、今から思うと釜ヶ崎の労働者があのとき配っていたチラシには、この法律はいずれ全国を寄せ場化する、全国の労働者を日雇い労働者化して、景気の安全弁化する、日本全国が釜ヶ崎化すると書かれていました。

あれから二十年以上経《た》って、バブル崩壊が起こり、二〇〇八年に派遣村が出現しました。八五年当時の私にはぴんとこなかったのですが、二十数年後に同じ言葉を聞いたわけです。私は、苦しみを受けた人々、捨てられた人々には、認識論的特権があるように思います。普通の人には見えないものが見えていたり、感じられないものを感じることができたり。苦しめられているとか、痛めつけられている人たちしか持てない感覚みたいなものがあるのではないか。現在では、非正規雇用が景気の安全弁だといわれていますが、釜ヶ崎では何十年も前から労働者は景気の安全弁だったのです。だから、彼らにはあの法律の危うさが予言者的にわかったのだと思います。

▼ホームレスとは何か

茂木　路上で生活する人は、ホームレスと呼ばれる前は、何て言われていたのだろう。浮浪者などでしょうか。

奥田　一九八〇年代初めに、横浜の公園や地下道などでホームレス連続襲撃殺人事件がありましたが、当時の新聞の見出しは全て浮浪者襲撃殺人事件でしたね。私は〝浮浪者〟という呼称はないだろうと思っていました。当時は〝ホームレス〟も否定してましたが。

茂木　ホームレスという言葉も？

奥田　ええ。ホームレスというのは、単に家がないという状態を表す言葉で、外で寝ている理由をわからなくさせる非歴史的な言葉です。当時、私は日雇い野宿労働者と言っていました。元々日雇い労働の歴史が背景にあるということ、日本の下層労働者の歴史が背景にあることをはっきりさせるためにです。支援活動を始めて、聞き取りなどをしていく中で、私が最初にホームレスという言葉を使ったのは九三年ごろだと思います。そのころ、ハウスレスとホームレスは違うという文章を書いています。

茂木　基本的に居場所があるかないかという意味においては、ホームレスの人もそうだし、我々もそうでしょう。居場所ってどんどん変わっていく。居場所がない時間帯は誰にでもあって、仕方なく喫茶店に行ったりもします。普遍的な問題のはずなんですね。

奥田　ええ。居る場所ですし、場所の概念とは〝役割〟でもあるし、自己有用性を確認できる場所でもある。一方で、避難場所のような、ともかく身を寄せる場ということもあって、色々です。そういう意味でホームを失っている状況というのは普遍的ですね。ですが、最初のころは、ホームレスの〝ホーム〟は、単なる場所の概念であり、状態としてしか考えていなかったわけです。横浜の殺人事件が起こったころは、まさに浮浪者呼ばわりです。そこには社会の差別的な意識が明確に示されています。現に横浜でホームレスを殺した少年たちは、こんなことでなぜ逮捕されるのかわからない、町をきれいにするためにやったというようなことを警察に言っていますね。

茂木　社会の見方が反映されていたのだと思います。一部の大人たちが本音の部分でそう思っていたのかもしれません。

奥田　そうです。ホームレス襲撃事件は構造的には三層ぐらいあると思います。一つは単純なうっぷん晴らしというか、ストレス発散です。二つ目は、ストレス発散にしても、なぜ対象がホームレスなのかということです。つまり、ホームレスを殺しても社会は何も言わないだろうと考えている。まさに大人社会の本音を先取りしている。三つ目は、ホームレスを排除することに社会的な意義を見出せると思っている。自己有用性の証明です。ホームレスを襲撃して町から追い出すのが社会正義だと思っているわけです。そこに自分の存在意義みたいなものを見出そうとしていたと思います。ホームレス襲撃事件については加害少年たちの倫理観や道徳観の欠落を指摘する人が多いのですが、実は一種の道徳的な発想を持っていたりする。大人は本音としてホームレスを排除したいと思っているが、建前で実行しない。それを少年たちが社会正義として実行する。被害者をごみ箱に押し込んで引きずり回したあげくに暴行を加えて少年たちは立ち去るのですが、それは大人社会の要求に応じた行為だったと思いました。

茂木　少年たちにそういう価値観を持たせてしまったことが、問題です。

奥田　私はホームレス襲撃事件というのは、時代を象徴する事件だと思っています。七〇年代後半から景気が上向いて、寄せ場でも人が集まり出して、山下公園あたりにホームレスがあふれていく。格差社会の到来です。そんな時代の中で一部の少年たち自身が居場所を失っていく。身の置き場がなく、自己有用性が確認できない。ホームレスを排除することで社会参加する、役割と居場所を見出す。歪《ゆが》んだ使命感です。

▼「プロフェッショナル　仕事の流儀」

茂木　奥田さんに「プロフェッショナル　仕事の流儀」に最初に出ていただいたのは、二〇〇九年三月の放映でしたね。

奥田　そのときに職業が「ホームレス支援」とされていました。でも、この活動は仕事とは考えていませんでしたし、無給でもありましたので、職業とされるのには、違和感がありました。それで「牧師・ホームレス支援」としてほしいと言いました。

茂木　それは小さなことのようだけど、とても大きな問題も内包しています。ホームレス

支援や被災者支援では、結果としてすることは似通ったことかもしれないけど、そこにたどり着く道というのは沢山あっていいのです。奥田さんのようにキリスト教の立場から支援する人がいてもいいし、例えば仏教の立場からでもいい。僕は奥田さんの背後に強い信念や思想があることが、はっきりとわかります。

奥田　「プロフェッショナル」はとても影響力のある番組で驚きました。それ以来、テレビや新聞に出るたびに、色々な人から電話がかかってくるようになりました。典型的なのは、三十代から四十代ぐらいの息子さんがひきこもっていて、母親が一人で悩みを抱え込んで苦しんでいるというケースです。最初はてっきり母子家庭かと思って聞いていると、そうではない。夫、つまり父親がいるのです。父親の影が全然見えないというのが、今の日本社会の一つの特徴かもしれません。そういう電話が沢山あって、それがものすごい件数になり、なかなか実際に会ってケアするような時間がなくなる状態が続きました。フリーターがかつて話題になり、その後「NEET（ニート）」、そして今は「SNEP（スネップ、孤立無業者 Solitary Non-Employed Persons）」が課題となっています。ニートは教育、労働、職業訓練のいずれにも関わっていない若者のことで若年無業者です。スネップは、無職、未婚、そして家族以外の誰ともつき合っていないという関係概念を含めた言葉で孤立無業の若者をいいます。ある調査では百五十万人を超えているといわれています。そして、それを抱え込む親も孤立している状態です。

茂木　それは本当に大変ですよね。

奥田　親子というのは本当に難しいのです。親にも限界があるところを示さないといけないし、間に他人を入れることが必要です。なぜなら、大体この手の話は、身内の責任論の中に埋没していく傾向があるからです。子育て中のお母さん対象の講演会で「子どもさん、かわいいでしょ」と言うと、皆にこにこと笑っています。その後に「でも時々子どもを叩《たた》いたりしていませんか」とか言うと、皆シーンとします。半分ぐらいの方が、下を向き出します。「どうして愛しているのに、子どものことがこんなに好きなのに叩いてしまうんだろうね。つらいね」と言うと泣いているお母さんもいます。人間は不思議なもので、なぜ叩くかというと憎いからじゃない、結局のところ愛しているからです。それは身内であればあるほどそうなります。キリスト教では、〝愛する〟は赦《ゆる》すことを意味するのですが、身内になると、〝愛する〟が〝赦せない〟となってしまう。

▼人間には限界が内在している

奥田　私は、自己正当化というのが、非常に問題だと思っています。キリスト教における単純な人間観でいえば、「義人はいない」ということがあります。完全に正しい者は一人もいないというのがキリスト教的人間観で、人間というものは、どんなよいことをしているといっても、そこには人間としての限界がいつも内在している、罪性を持っているということです。最も人間に絶望している宗教が、最も人間に希望を与えるという、逆説的なものを私はキリスト教の中に見ています。

茂木　ええ。

奥田　そもそも人間の行為は、必ず悪というものを含んでいます。だから人間の行為というものは、どんなによいことをしているといっても、所詮《しょせん》〝悪と悪との選択〟です。一般倫理は、善と悪との間の選択で、善を選ぶのですが、キリスト教的な考え方では、悪と悪との選択なんですね。

茂木　善悪ではなく。

奥田　例えばジョージ・W・ブッシュ大統領が、善悪二元論で、非常にステレオタイプな世界を描いて問いました。正義の側につくのか、悪の枢軸の側につくのかと。キリスト教国だと自認する国の大統領の姿勢として許されないと思いました。間違ったステレオタイプが、非常にわかりやすい構図で示されています。その単純さが現代の日本社会のポピュリズムに直結しているように思えてなりません。深く考えないうちに全てが一瞬にして翻る。そんな感じがします。

茂木　単純な善悪二元論では語れないということは、人間とはいい加減なものだということでもあると思うんです。僕は、吉本隆明さんのおうちに何回かお伺いしたことがありま

茂木健一郎

す。あるとき、吉本さんが親鸞《しんらん》の話をしました。ある人がどこか参拝に行くときに、行きに物乞《ものご》いがいたのでお金を施したんだけど、帰りに別の物乞いがいて、そのときには何となくそういう気持ちになれなくてお金を施さなかった。それでいいのかと親鸞に訊《き》いたら、親鸞はいいと言ったという話を吉本さんがしていました。よくある議論です。例えばアフリカで飢えた子どもたちがいるのに、東京でこんなふうにうまいものを食っていていいのかとか。

奥田　ええ。

茂木　被災地で今も苦しんでいる人たちがいるのに東京でお酒を飲んでいるとか、その時々で行動が違っているとか。それはどうなのかということがあるのですが、やはりいのちとは僕はそういうものだと思いますし、仮に善悪ということをいわなくても、生き物には基本的にいい加減なところがあります。こうでないといけないとか、教条主義的な日本人もよくいますけど、生き物である以上、いい加減なところが人間にはあって、それを許さない者はだめだと思います。

奥田　どれだけ完璧《かんぺき》に優しい行為をしたところで、そんなものは完璧でも何でもないんだと考えなければいけません。でも、だからといってやらないのか、やるのかというのでは大違いですが。

茂木　そういうことですね。

奥田　二〇〇一年に最初にホームレスのための自立支援住宅をつくったとき、お金がなかった。アパート五室を借りるのがやっとでした。行政にシェルター開設を求めていましたが、叶《かな》いませんでした。そこで、行政がやらないなら自分たちでやろうということになったのです。当時、北九州市内にはホームレス者が三百人ぐらいいて、三百人に対してアパートは五室しかない。しかも、七十人以上が申し込んできました。

茂木　ほとんどの人が入居できない。

奥田　はい。それでも、最初、私たちは行政にもできなかったことを実現したという思いで、皆気持ちが高揚していました。それでチラシを一生懸命まいたら、七十数人が申し込んできたわけです。入居の判定会議では六十五人を落とさなければなりません。夜七時から始まった会議が十二時になっても、深夜一時になっても終わらない。要するに誰を選んで、誰を落とすのかがわからない。落とした人が翌日亡くなるかもしれない。怖くて決め切れない。でも、最後は「ごめんなさい」と言うしかないと覚悟しました。その会議の終わりにホワイトボードに「罪人の運動」と書いたのを覚えています。皆で罪を引き受ける覚悟を決めたわけです。

茂木　そうでしたか。

奥田　炊き出しの現場で、正直に五人しか入れないと言いました。「私たちにはお金がないから用意できたのは五室です。本当は皆入れてあげたいけれども、一部屋に十人ずつ入れるわけにもいかない。申しわけありませんが、この際年寄り優先で頼みます。けれども私たちは五部屋はやる。六十五人から恨まれてもやる。六十五人には今ここで謝ります」と。皆さんの前で、そう伝えて謝ったのですが、すると公園にいた人たちから拍手が起こり「頑張れよ」と声がかかりました。

茂木　忘れがたい体験ですよね。

奥田　はい。今は自立支援のための施設は全部で五カ所、百八十室以上あります。

▼安心安全の罠《わな》

奥田　茂木さんには何度も小倉で講演してもらっていますが、元々キリスト教やユダヤ教の思想の中には救い主は傷ついているという思想があると、茂木さんがお話しされたことがありました。

茂木　ええ。

奥田　具体的にいうと、それは「イザヤ書」五十三章の「苦難の僕《しもべ》」と呼ばれている非常に有名な箇所です。ユダヤがバビロニアという大国に滅ぼされ、民が捕囚になったときに救い主が傷ついた者の姿を持って現れるという預言です。「彼はみずから懲らしめをうけて、われわれに平安を与え、その打たれた傷によって、われわれはいやされたのだ」と預言者イザヤは言うのです。傷ついている者こそが救い主だという思想です。

茂木　僕はそれが今の日本に必要なことではないかと思います。日本社会は最初からそうだったのか、あるいは近年そうなったのかわからないのですが、ある種剝《む》き出しの資本主義みたいな面が生じています。例えば、失業した人やニートの人など、結果として経済的な弱者になってしまった人への眼差《まなざ》しに、自分の責任ではい上がってこいというような視線を感じるときがある。それは僕がヨーロッパに行って、例えばイギリスの街角などでホームレスの人に気楽に話しかけているときの感じと違うのです。

奥田　なるほど。

茂木　その差は何かといえば、やはりキリスト教の世界観の中にあるものの影響ではないか。弱い者、傷つけられている者こそが、我々に救いをもたらしてくれるものだという概念です。傷つけられて得ること、あるいは傷つけられやすさというものは誰の中にもあるということですね。そういう感覚が支えになっているのではないかと思うのです。

奥田　ある意味、日本は傷つかない社会になったのです。というか、傷つくことを極端に避ける社会になってしまいました。

茂木　傷つかないかのように振る舞うことも含めて。

奥田　そうです。だから私は〝無縁社会〟の対概念というのは、〝安心安全〟だと思っています。一見対立的に見えますが、二つはセットです。なぜ、無縁の状態ですませようとするのかというと、結局、自分の安心安全をとにかく守らないといけないものとしてしまうからでしょう。人と出会うと、安心や安全が崩れると考えてしまうのです。

茂木　人との出会いが自分に悪い意味で影響すると考えてしまう。

奥田　ええ。かつて教育哲学者の林竹二《はやしたけじ》は、学んだという証拠になるのは何かが変わることだと言いました。私は学びは出会いだと思うのです。人は出会いで変わります。例えば、子どもができたら子どものペースに合わせ、恋人ができたら恋人のペースに引っ張られますね。しかし、自分のペースが変えられることを極端に恐れていると誰とも出会えない。その結果無縁へと向かう。それが傷つきたくないということとも関連しています。人間は誰でも試練に遭いたくないというのが本音ですが、それがいきすぎた社会というのは、本当の意味では人と出会えない。安心安全がそんなに大事なのかと思います。皮肉なことに、その結果無縁という危機を招き入れている。安心安全という言葉のもとで、ホームレスは排除されてきました。町の安心安全を守るためにホームレスは出ていけと言われるのを、私はずっと見てきた。地域の安心安全を守るために、誰かある一定の人が危険にさらされる社会というのはどうなんでしょうか。
茂木　本当は、いつ自分たちがそちら側にいくかもわからないのに。
奥田　そうです。全く同じ構造の中で生きているのだから当然です。東日本大震災は自然災害ですが、それは東北一帯が「ホームレス化」した出来事でした。家をなくし、家族を亡くし、仕事をなくしている。それは路上の人々と同じ状態です。にもかかわらず、東北の人も含めて「ホームレスとは違う」と思っている。いつ自分がそうなるかわからないのに、そういうことをあまり想像しない人が多いですね。
茂木　努力していれば、ちゃんと生きていれば転落することはないというのが、まず幻想ですね。
奥田　ええ、幻想です。
茂木　色々な理由で、セーフティネットからこぼれ落ちてしまうことがあるわけです。ところが、何となく日本人の意識の中に、ホームレスというのは、極端なことをいえば、彼ら自身が怠けたからとか、何かよくないことがあったからそうなったと思い込んでいるところがあって、僕はそれがとても気になっています。それに、安心安全を過剰に求めるのは、自己認識にも悪影響を与えると思います。自分を認識することは、人生の最終的な目標とすらいえる大切なものだけど、それは〝自己〟と〝他者〟を見て学習するものです。人は、自分とちょっと異質な人がいたら拒絶しようとするし、共感できる人がいたら心惹かれたりしますが、案外自分と意見が合わなかったり、共感できない人と出会ったときに、自分を認識できたりするんですね。

奥田　そう思います。

茂木　ということは、居心地のいい、安心安全な仲間たちだけといると、自己認識が深まらない。

奥田　全くそうです。

茂木　だから、そういう意味においては、今の安心安全を求める社会というのは、人生の最大の目的であり、喜びでもある自己認識から遠ざかっていっているわけです。

▼自己は他者を通じて見える

奥田　二十年前くらいに〝自分探し〟が大ブームになったとき、寺山修司みたいに「書を捨てよ、町へ出よう」とはならなくて、若者が内面化していったように思います。でも、自分の中だけを見ても、自分なんて見つかりません。自己の中身というのは、迷宮みたいなもので、一旦入《いったん》ると出てこられない。それだったら誰かと出会った方がいい。ただ、自分が了解できる範疇《はんちゅう》では、自分自身と出会っている延長線上にすぎないので、できたら喧嘩《けんか》できる、違っていたら違うと言える相手と出会うのがいいと思います。当然危険は伴いますけれど。

茂木　奥田さんがずっとやってきたことですね。

奥田　ホームレス支援を始めたころ、行政とやり合っていました。お互い傷つけ合いながら、自分とは何者なのかを見せられました。今は、そういう部分が本当におっくうになっている時代です。その大もとはやはり傷つきたくないということがあるのだと思うのです。喧嘩してでも他者と出会わないと自分自身に埋没します。そして、自己絶対化が起こり、他者を切り捨てることにさえなってしまいます。

茂木　自己の安心安全だけを求めて、犯人捜しをして、それさえ除去すれば大丈夫だという思考は、今後ものすごく大きな問題になる兆しがあります。例えば、医療分野で人の遺伝子情報がわかるようになると、人の病気になるリスクが確率で出てきたりします。健康ブームで、皆すごく自分のことが心配ですよね。例えば、少しでもがんの危険があると言われると、とにかくそれを排除したいと思うようになる。そうなると、人々のそういう不安や恐怖につけ込む人たちが出てくるわけです。

奥田　出てきますね。

茂木　霊感商法みたいなものは論外としても、あなたの遺伝子の配列を見ると何%の確率でこういう病気になる可能性があるから、このサプリメントを飲まないとだめですとか、そんな話が出てくると思う。そこでまさに、安心や安全ということに対する哲学が問われてくる。でも、結論としては、一〇〇%安心なんていうものはありません。それを求めようとすればするほど、自分の生命がやせ衰えていくというような時代が、すぐそこまで来ていますね。

奥田　もう来ている気がします。

茂木　人間の身体というのはそもそもオープンなシステムです。だから、いわゆる健康食ブーム自体、基本的に僕には違和感があります。玄侑《げんゆう》宗久《そうきゅう》さんとお話ししたときにも、仏教者には基本的に托鉢《たくはつ》思想があるから、何でもいただけたものをいただくと言っていました。元々食べ物とは異物を取り入れるもので、一つの出会いであり、何に出会うかわかりません。よく最初にウニとかナマコを食べた人はえらいと言うけど（笑）。

奥田　ええ（笑）。

茂木　とにかくいのちをつなぐためには、何でもとりあえずいただくしかない。基本的に一〇〇％コントロール可能なものではないという意味においては、まさに他者との出会いであり、異物の取り入れです。それを拒絶して、全部コントロールして、安心安全で全ての世界を覆い尽くすということは無理なんですね。

▼色々な安心安全がある

茂木　我々脳科学者はスペクトラムという言い方をします。例えば、自閉症などがそうです。自閉症は我々の理解では、病気というよりも一つの個性なのですが、ものすごく強い個性を持っている自閉症の方もいれば、高機能自閉症といって、社会の中に溶け込んでいて、ちょっと変な人だなと思われているけど、あんまり気づかれていない自閉症もあります。そういう面では実は自閉症と健常の人の間には境界はないのかもしれない。人間に色々なあり方があるというだけのことかもしれないと、我々は今思い始めています。

奥田　皆つながっているということですよね。

茂木　はい。例えば、ライフスタイルも、結婚するのかしないのか、親が二人いるのかいないのか、大学へ行くのか行かないのか、大学へ行ったとしてもどういう大学なのか、どういう企業に就職するのか、正規雇用か非正規雇用なのかと、色々ですよね。ところが今は人々の認識の中で、いわゆる最もセキュアな、安心安全な方向に、一生懸命に移動しようとしている気がします。

奥田　そうですね。

茂木　世の中の風潮を見ていると、そんな気がしますが、絶対におかしい。この生き方だけが正常だというと、常にそこには一定の数しか入れないから、入ろうとすること自体がストレスになるし、入れなかったら落伍者《らくごしゃ》とか失敗したという話になってしまう。そんなことはないはずです。だって、違った生き方が好きな人もいるわけだから。実際には生き方にも無限の階層があるはずです。

奥田　全くそうです。

茂木　何なんですかね、この強迫観念って。

奥田　百歩譲って安心安全という言葉を使うにしても、安心も百通りあるし、安全も百通りあると思います。例えば、野宿のおじさんたちが僕の友達になってくれることは、世間がどんなに危険だと言っても私にとっては安心でもあるわけです。

茂木　そうですか（笑）。

奥田　ええ。私は、支援の初めに私の葬式のときに来てくださいねと言います。お葬式の場というのは、ある意味では残った人たちを支える場です。私が死んだときに、野宿のおじさんたちが何百人か来てくれて、嘘《うそ》でもいいから「あいつはいい奴《やつ》やった」と言ってくれと。

茂木　嘘でもいい？

奥田　嘘でも、うちのかみさんの前では「あいつはいい奴やった」と言ってくれれば、かみさんはそれを支えにその後生きていけます。だから、本当の安心安全というのは、皆が考えているような、排他的で自分だけが守られればよいようなものとは違うのです。

▼健全に傷つく仕組みを

奥田　私は、時々大学の神学部に牧師の卵を教えにいきます。彼らに「皆さんの目指しているいい牧師さんとはどんな牧師ですか？」と訊くと、総じて返ってくる答えは、「愛する技術を持っている」ということです。傾聴の技術があるとか、すぐに対応ができるとか、聖書の話が上手にできるとか色々ありますが、全て「愛する技術」に関することです。

かつては私もそういうふうに考えていました。でも、今となっては、そんな牧師は傲慢《ごうまん》で気持ちが悪いと思います。「愛される技術」といったら語弊があるかもしれませんが、愛するという能動的なものだけではなく、愛されるという受動的なものにも重点を置いていない牧師は気持ちが悪い。「助けてます」みたいなものではなくて、「俺《おれ》は助けてもらえないと生きられないんだ」というところを正直に見せることです。そうでないと、牧師はすごい人だという幻想が生まれ、キリスト教は愛の宗教、だからクリスチャンは立派な人だというような幻想が生まれます。しかし、そんなことはない。本来神様に赦されないと

生きていけない人が、教会に来ているにすぎません。牧師でも医者でも、特に対人援助の現場にいる人たちには、そういう自己認識が必要ではないかと思います。

茂木　なるほど。

奥田　私はホームレス支援で最初はずっと突っ張ってやっていました。でも行政との闘いもあって、あるあたりからもう一人ではもたないとどこかで思ったのです。それで「助けてくれ」と言ったら、何とこの世の中には助けてくれる人が山ほどいました。皆が助けたいという思いを持っていたんですね。でも、どうしたらよいのかわからないだけです。そこをうまくつないだら、一つのチームができたし、社会ができました。今うまくつながっていないだけで、元々は皆「助けたい」という思いを持っていると思うのです。助けてほしいという思いと、こんな自分でも何か役に立ったらという思いをつなぐことです。

ただ、その邪魔をしているのが自己責任論と安心安全志向です。傷つきたくないということです。人と出会うと必ず傷つくのですが、だから、その傷が致命傷にならないための仕組みをつくらなければいけない。どうしても傷は必然ですから。

茂木　人と関わるわけですからね。

奥田　例えば、子どもを育てていても、熱を出したら一晩寝ないでつき合うわけで、そんなときは次の日へろへろです。そういうリスクは当然負うのですが、それが致命傷にならないための仕組みが社会だと私は思うのです。

茂木　それがあるとよいですね。

奥田　社会というのは、〝健全に傷つくための仕組み〟だと私は思います。傷というものを除外して、誰も傷つかない、健全で健康で明るくて楽しいというのが「よい社会」ではないと思います。本当の社会というのは、皆が多少傷つくけれども、致命傷にはならない仕組みです。どうも学校の先生などは特にそうですが、「助けて」と言ってはいけないというような倫理観がすごく働いています。

茂木　教師は一人の人間として背中を見せることが大事だと前からいわれているけれども、本当に振り返ると、まさにそれ以外にはないなと思います。東大の駒場で教えている先生と話したのですが、一、二年生を教えているときに、授業をやっていて何が一番つまらないのかというと、内容がもう決まっていることを教えなくちゃいけないことだと言います。振り返ってみると、僕が授業を受けていたときも、そこら辺が一番つまらなかった。どうせ教科書に書いてありますから。

奥田　どっちみちね。

茂木　結局、その教師の人間性が出ないんです。僕が一番印象に残っている授業というのは、木村尚三郎さんという人の西洋史の授業だったのですが、フランス中世史が専門で、体系的な話なんて何もしなくて、一学期間ずっと余談をしている。余談というか、漫才みたいなものですが、その授業が一番面白かった。別に体系的なフランス中世史の知識が身についたわけでも何でもなくて、ただ木村尚三郎がどういう人かというのは、よく伝わってきました。そういう人間的なところがすごく心に残ったのですが、結局「絆」とはそういうものですね。絆という言葉が政府によって震災後に濫用されたのは気持ち悪かったけど。

奥田　私は最初から、ずっと「絆」と言っていたでしょう？

茂木　そうでしたね。

奥田　だから逆にやめようかと思いました。

茂木　絆がわかっていない人たちが「絆、絆」と言っている感じでしたね。

奥田　北九州でずっと言ってきた「絆」との違いは、先ほどの「傷」の話なんです。そもそも、「絆」という言葉には「傷（きず）」が含まれています。これは、言葉上の問題ではなく本質的な事柄です。政府が言っていた絆は何か麗しい感じでしたね。「日本は一つ」とか。

茂木　僕は「一億火の玉」とあまり変わらない気がしました。

奥田　私もあの雰囲気は危ないと思いました。それに乗っからないと「非国民」と言われかねないという感じもありましたし、民衆同士の「絆」を強調することで政府の責任が曖《あい》

味《まい》にされるような感じもしました。

茂木　確かにそうでしたね。

▼弱音を吐こう

茂木　東大で授業をしたときに感じたことですが、東大生ってやはり未《いま》だに打ち解けるのが難しい子が非常に多い。自分の弱みを見せることがとても苦手で、何かわからないけど基本的に守ろうとしています。自分が何かを知らないことを認めるのがとても苦手だし、自分が何かができないと認めるのも苦手ですね。他人が何かを知らなかったり、困っているときに、優越感を持った微笑《ほほえ》みで見守ることはできるのだけど、それに共感するとか、即座に手助けするということはなかなかできない。それは彼らの責任というよりも、それまでの道筋を見ると、結局他人を助けることで高く評価されたことがまずないからでしょう。大学入試のペーパーテストで何点とるかということだけで彼らは評価されてきたわけだから。勉強を友達に教えてあげたとか、わからない子に手助けしてあげたかはほとんど評価されないできたわけです。実は大学に入るまでの子どもたちは熾烈《しれつ》な資本主義の中にいるようなもので、点数だけで比べられています。それで人間の価値が決まるような中にいるので、日本の社会の雰囲気を変えるためには、それを変える以外ないくらいに僕は思っています。しかも、偏差値なんて我々の立場からいったら大した差でもない。どうせ正規分布でベルカーブを描いていていてオーバーラップがあるわけだから。

奥田　小さなころから弱音が吐けない、「助けて」と言えないのは確かです。僕は、子どもが「助けて」と言わないまま、ある日突然自らいのちを絶つ社会は、クソ社会だと思っています。

茂木　子どもたちも言えないでいるんですね。

奥田　はい。大の大人が言えないというのは少しはわかりますが、子どもが「助けて」と言えないというのはどういうことなのか。子どもは甘えていいんです。子どもたちをここまで追い詰めたのは我々大人です。講演でこの話をするとき、会場にいる聴衆に「ここ最近数年以内に『助けて』と他人に言ったことがありますか」と訊くと、大体全員静かです。大人が「助けて」と言わないものだから、子どもも言えない。どこかで人に助けてもらうような人はだめな人だと思っているのかもしれないけど、そんなことはありません。人から助けてもらえるというのは一番の財産であり、立派な能力であり、「受援力」ともいいます。手を差し伸べてくれる人が何人いるかで人生が決まるといってもいいくらいです。「助けて」と言ったら、「何を甘えているんだ」と言う人もいるかもしれませんが、「うちにおいで」と言う人もきっといるはずです。

茂木　子どもの感受性は豊かですからね。

奥田　大学どころか、小学生の段階から「助けて」が禁句になっているのは問題です。一方で周囲は「助けて」と言われることをなるべく避けようとしています。気持ちはわかりますよ。私もホームレス支援をやっていて、「助けて」の電話が入るわけです。もう少し若いときだったら、夜中の二時でも三時でも「今から行くから」と車に乗って走っていました。五十近くにもなると、「ちょっとおなか痛い」とか言われても「そのくらいなら明日の朝ね」と言いたくなってしまいます。でも、その「近寄るな」「助けてと言うな」というオーラが強くなると、「助けて」と言えない社会になってしまいます。

茂木　そう思います。

奥田　ある学校にとてもやる気のある先生がいて、子どもたちにホームレスについての授業をしてほしいということで、私が学校に呼ばれました。子どもたちとホームレスの芝居をつくったりしました。その後、先生から「さすがに夜のパトロールに子どもたちを連れていくことはできないので、どうしたらいいでしょう」と相談があったので、「もしよかったら手紙を書いてください」と提案しました。それで子どもたちがホームレスの人に手紙を書きました。私はそれを預かって、炊き出しの現場へ持っていき、皆に見せ、返事を書いてやってくれとお願いした。それで野宿のおじさんたちが路上で返事を書いたのです。それを私が学校に届けにいったら、子どもたちが喜んでさらにその返事を書いてきた。

ところが、そのときに学校の校長とPTAからクレームが入ったんです。もしホームレスが学校に来てしまったらどう責任とるんだとか、子どもたちがあのおじさんたちを助けたいとか言い出したらどうするんだとか。結局、子どもたちからの二通目の手紙は校長先生が握りつぶして渡さなかった。それで終わったんです。

茂木　うーむ。

奥田　私は学校に乗り込んでいって抗議しました。百歩譲って、学校教育の範囲を超えたというのなら、学校長として子どもたちに二通目の手紙は、先生の判断でおじさんたちには渡さなかったと伝えてもらいたい。そのままでは、子どもたちは、自分たちは手紙を書いたのに野宿のおじさんたちは返事をよこさなかったと思ってしまいますから、校長の判断で手紙を握りつぶしたことを正直に言うべきだと迫ったのです。でも、校長はそれすら伝えなかった。この経緯の一部は「毎日新聞」の西部版（二〇〇〇年三月九日付）に出ています。

茂木　その後は、どうなっちゃったんですか。

奥田　そのままです。学校はだんまりを決め込みました。まあ、やはり今の多くの学校は、役所と一緒で、現実というものを過去性と所与性でしか考えていないので、新しい出会いの場面を受けつけない。そこで何かあったときに責任をとりたくないということです。皆責任をとらない、とりたくないという無責任社会です。それをもって校長の責任だと勘違いしている。そこから現実的な希望を見出そうとしても、なかなか勇気が持てません。私は、自己責任論の社会を批判してきましたが、もっと正確にいうと、自己責任論社会というよりも、無責任社会が問題だったのかもしれない。個人に責任を負わせることによって社会の責任を無化したというところが最大の問題で、社会全体が無責任化しているということです。

茂木　ええ。

奥田　自己責任があるかないかということでいうと、根源的にいえば人間には責任はあるに決まっています。逆にいえば、自分の責任などとらなくてよいという方が支援の現場ではよほど問題になる。社会人としての責任もあるし、自分自身の人生に対する責任もある。もしくは家族に対する責任もあるでしょう。どんな事情があっても、子どもを捨てたら、その責任はあるということは言わねばならない。だから、資本主義社会の被害者だから責任はないというのはおかしい。問題は、自己責任が強調されることで社会の側が無責任になってしまったことです。これをやっている限りは、社会は新しくならないと思います。

個々人が自己責任をとれるためにも、社会が社会の責任を果たすこと。自己責任をとれる社会が必要です。

▼オルタナティヴな出会い

奥田　ＮＰＯの使命というのは、ある意味では、新しい社会的価値の創造です。企業社会や行政が見捨てた、谷間のようなところに新しい価値を見出すというところによさがある。例えば、ペシャワール会の中村哲さんが、誰もしないんだったら俺たちがやると言ってアフガニスタンに乗り込んでいく、そういう心意気がとてもよいと思う。皆がやり出したらＮＰＯなんて撤退したらいいというくらいの領域なのです。

茂木　中国政府がツイッターとかフェイスブックとかに対するアクセスを禁止していてもＶＰＮ（ヴァーチャル・プライベート・ネットワーク）通せばいいみたいな、そういうふうに新しいルートをつくる人って必ずいますね。子どもたちとホームレスの方の出会いというものが、奥田さんたちのＮＰＯで新しく創造されていますが、ある意味では、学校教育が子どもたちへのアクセス権を独占しているところが問題です。頑固な校長が変な判断をしても、別のルートがあればいいわけです。子どもたちとホームレスの手紙だって、ネットに載せちゃえばいいわけでしょう。

奥田　そうですね。手紙の事件が起こった後に、今度はこちらの主催で子どもたちを呼んで、北九州市教育委員会を後援につけて、子どもたち向けのホームレス支援のセミナーを開きました。生でおじさんと喋《しゃべ》るわけです。段ボールハウス作成体験とか。

茂木　え、それは面白そうですね。

奥田　段ボールハウスを実際に子どもたちがつくって、その中に寝てみるんです。襲撃体験もしました。段ボールハウスって中は真っ暗なんですよ。周りから叩かれたりとか、中に入っている子どもたちがそれを経験するとか。あと、私がよく学校に呼ばれた授業でやるのは、空き缶集めです。空き缶でお金になるのはアルミ缶だけで、スチール缶はだめなんですが、アルミ缶も一番いいときでも一キロ百円ぐらいで、すごく下がりました。じゃあ、スチール缶より軽いアルミ缶を一キロ集めようとすると、何個必要かとか。しかも、空き缶業者は自分でプレスするので、潰《つぶ》して持っていくと引き取らない。千個ぐらいとってこないと一食分にならないということで、都市雑業と呼ばれる空き缶回収業がどれだけ大変かがわかるでしょう。一個ずつ空き缶を置きながら、これで何グラム、これで何グラム、算数の勉強だと言ってこれで幾らとか。そんな話をしていると、子どもたちって目が生き生きしてきて、「なるほどーっ、働いているんだね」という話になるわけです。おじさんたちは一晩中かかって空き缶を千個とか集めますからね、すごい労働です。

茂木　大変ですよね。

奥田　そんなおじさんとの出会いが子どもたちにあるかないかで、全然違うと思います。もちろん、全員がそうやって働いているわけではないですよ。中には朝から酔っぱらっている人とか、色々な人がいます。でも、こういう現実と子どもが出会うだけで、野宿している人に石を投げようとは思わなくなるのではないでしょうか。少なくとも一瞬考えるでしょう。出会ったからボランティアしなければいけないということではなくて、知ることだけでも変わります。それは一本道を歩まねばならないと思い込まされている子どもたちにとっても、オルタナティヴな出会いや道を示すことになります。世界は広い、生き方も色々あるということを示すわけです。

▼できないことに寛容になる

奥田　牧師になって三年目のとき、様々な事情で一年間に教会関係者が二人も自殺されるということが起きました。私は色々な対応に追われたわけですが、助けるなどと傲慢なことは言いませんが、最低人を生かすために牧師になったと思っていたわけです。でも、殺してしまった。二十八歳の私は本当に参ってしまったんです。三十年以上牧師をやっていた義理の父親に電話しました。「もう牧師をやめようと思う。もう無理や」と。そうしたら、「お前は、お前が何かやれたら人が助かったとでも思っとるのか。傲慢じゃ」と、電話をビシッと切られてしまった。同じ時期に、私の友達で奥さんが自殺してしまった人がいました。マタニティーブルーが原因で三カ月の子どもを残して亡くなった。牧師を続けるかを悩んでいたとき、彼女の記念日に二人で酒を飲みながら、「俺、もう牧師できんと思うてんのや。もうこんなことでは本当に人を助けているんだか、殺しているんだかよくわからへんし、俺は牧師向いてへんと思うわ」みたいな弱音を吐いたら、彼はじっとその言葉を聞いたうえで、「奥田先生、仕方がないということが世の中にはあるんですよね。

仕方がないということでいいのではないですか」と言ってくれた。妻のことで苦しみ続けた友人がそれでも生き抜いたゆえの言葉でした。今の社会は、「しようがないよ」「仕方がないよ」と、なかなか言わせてもらえないでしょう。でも、それが言える社会でないといけないのではないか。諦《あきら》められないで、とことんやってしまって、それで病気になっている。でも、もう仕方がないという場面も、ときにはあるのではないでしょうか。そのあたりが生きづらさにもつながっている気がします。

茂木　僕も、できないということを、もっと見つめる必要があると思います。『挑戦する脳』にもそう書いた章があります。

奥田　東日本大震災後に私たちが支援している宮城の漁師と喋るたびに思うのですが、この人たちの中には、諦念《ていねん》というか諦観というものがある。漁師というのは、「とれねえ日はとれねえや」ですましてきた人たちなんですね。そういう意味では結構明るい。一方で、多くの人は時間通りに新幹線が来るのが当たり前だと思っていて、例えば台風で遅れたらイライラしたりする。でも、台風が来たら仕方がないんです。

茂木　例えば、東日本大震災後の東電や政府に対する批判の中には、正当なものももちろんある一方で、ヒステリックなものもありました。国家とか大きな会社は、ちゃんとものを考えて我々庶民の生活を大丈夫なように見てくれているはずだという期待があって、それが裏切られると、過剰な非難になる。やはり、仕方がない、しようがないんだという視点は、どうしても必要だと思うのです。やればできるはずというのが無理なこともあると、僕たちは経験から知っているわけじゃないですか。

奥田　個人や人生の問題と公の責任は少し違うと思いますが、いずれにせよ寛容なき時代へと向かっていることは確かですね。

茂木　例えば、なぜ勉強ができないんだよと言われても、できないものはできないんで、しようがない。僕も小学生のころ、例えば跳び箱で手をついて跳ぶのが怖くて全くできなかった。できるはずだと言われたって、いくらチャレンジしてもできないんですよ。現代社会は、他人の〝できない〟に対して、不寛容になっている面が随分ある気がします。奥田さんがホームレス支援をしていても、実際に裏切られることも沢山あるわけでしょう。怒ったりする人もいるだろうけど、仕方ないですよね。人間は不完全なんだから。

奥田　私は、悩んでいる人に「うまいことごまかせ」とアドバイスします。問題解決を求めて必死にもがいておられる。どうしたらいいですかと尋ねられるのですが、そんなこと僕に訊かれてもわからないよと。あんたが一日中悩んでわからないことを、僕に五分で答えろと言う方が間違っていて、答えはわからない。でも、できたてのうどんは熱くて食べられないんだけれども、ちょっと経ったら食べられちゃう、みたいな話をします。不徹底ですが、それでよいという場面もある。一生懸命や努力が正しいとは限らない。

茂木　今まで牧師さんのお話とか何人も聞いているし、チャリティをやっている人の話も沢山聞いているけれども、大体どこか平板で当たり前の話をされる。確かに大事な話で深いものではあるけれど、僕はだめなんです。でも、奥田さんとこれまで何度も会ってきて、実際にしていることもそうだし、キリスト教神学との関係とか聞いていてなるほどと思うようなことが沢山あります。結論からすると、奥田さんはすごく才能があるなと思います。

奥田　そうかなあ、ちょっとうれしいけど。

茂木　小学校のときに、ギャグ漫画を描くのがとてもうまい奴がいたんですよ。僕は全然だめでした。あと僕は体育もだめなんですけど、勉強では苦労した記憶が一度もない。主要教科は5以外とったことない。才能とはそういうもので、要するに個性みたいな問題なんです。ひょっとしたら我々の脳の中には、絶対に外に出したくないものが沢山詰まっているかもしれなくて、そういうものってなかなか出てこない。ですが、これ要らねえやみたいな形で出すものが言葉として出てくるのかなと思ったことがあります。その言葉の出方が才能ということなのかなと思いました。奥田さんは、キリストが神に見捨てられたと言いましたね。見捨てられたということによって彼が救い主になった。ホームレスの人は、ある意味では社会に適応しなくて、ありていにいえば資本主義の社会から追い出された人たちじゃないですか。でも、その人たちこそが、何か大事なメッセージを担っているということが、実はあるのではないか。僕は奥田さんほど多くのホームレスの人と話したわけではないけれど、彼らの佇《たたず》まいとか、彼らの悲しみみたいなものとか、そういうものがものすごく大事なメッセージを持っているような気がするんです。社会の中枢で必要とされて一生懸命頑張っている人は、それはそれですばらしいと思いますが。僕が、奥田さんに感じた才能は、奥田さんの中にある危うさなんだろうと思ったのです。

奥田　うーん。

茂木　すごく際どいところを歩いている人が、結局才能のある人なんだろうなと思って。

奥田　確かにそうで、キリスト教では見捨てられた者が復活します。イエスは十字架上で「エロイ、エロイ、ラマ、サバクタニ」、つまり「わが神、わが神、どうしてわたしをお見捨てになったのですか」と叫びます。見捨てられていること自体は救われている状態ではないけれども、しかし見捨てられた者こそが復活する。それを救い主だと教会は言っているわけですから、その教会がどうしてそういう人たちに目を向けないでいられようかと、私は思っています。

▼時の概念から

奥田　ギリシャ語で時間を指す言葉に、クロノスとカイロスという二つがあるでしょう。クロノスは、まさに時計の時間です。私たちが日ごろ考えている時間はクロノスで、スケジュール表であったりするわけで、まさにクロノジカルに生きています。でもギリシャ語の中には、もう一つカイロスという時間があって、聖書の中では、それは「神の時」という意味を持っています。例えば、「生るるに時があり、死ぬるに時があり」は、『旧約聖書』の有名な言葉です。そういう「時」というのは、クロノスではなくて、わざわざカイロスという言葉にして使い分けています。

茂木　そうなんですね。

奥田　私たち現代人はあまりにもクロノジカルに生きているので、予定が狂うことが受容できない。だから、諦められないし、こんなはずじゃなかったと思ってしまう。でも天災はカイロスです。まさに想定外です。クロノスとカイロスの使い分けができなくなった現代人は、すぐに絶望してしまったり、もうだめだと思ってしまう。現代人がカイロス的な時間軸をもう一回取り戻せるかどうかはすごく大事な気がします。福島第一原発にしてもどうするのか……。我々のクロノス的な枠組みを超えているし、問われていますね。

茂木　生命は、元々は季節とか、潮の満ち干とか、天気とか、そういうものに左右されて、それで動いていたわけです。昔、白神《しらかみ》山地で、マタギの方の話を聞いたとき、今はもう鳥獣保護区になったから、ほとんど熊は撃てなくなってしまったんですけど、テントで寝ました。それがすごく楽しかった。雨が降ると猟は中止なのですが、仲間と一日テントの中にいて、雨の音を聞きながら話をしているのが昔はとても楽しかったんだと聞きました。そういう時間がまさになくなりました。生産計画というのがあり、雨だろうが晴れだろうがやれということです。でも、人間には調子いいときと悪いときとがあって、いいときは頑張るけど、悪いときはとりあえず休んだ方がいいと思います。

奥田　できないときもありますよね。

茂木　会社とか学校に行かなくてはいけないというふうになっている。僕は子どものとき、チョウをとっていたからよくわかるんですけど、自然と向き合っていると、すごく周りの様相に気を遣うようになります。雲行きはこうだとか、風はこうだとか。ところが、文明の時間だと、全部刻んで、何時何分何秒からどうだとか言っている。周りを気遣う必要性が全然なくなっています。

奥田　本当にそうですね。時間が乱暴になっていて、待つことができなくなったりしています。私はそもそも琵琶湖育ちで、潮の満ち干という感覚がありません。北九州の教会に赴任した後、あるとき、教会の子どもたちを連れて玄界灘《げんかいなだ》に釣りにいったのですが、行ってみると海自体がない。下見のときにはあったのに、ないわけです。潮がもう一回満ちてこないとだめで、待つしかない。だけど、大震災の後に漁師さんたちの話を聞いていますと、自然と一緒に生きてきた人は、それでもどこか落ち着きを保っている。今は待つときということがわかっているような気がします。

茂木　それは文化的なＤＮＡですね。僕はすごく深い話だなと思っているのですが、三陸で「てんでんこ」と言うじゃないですか。「津波てんでんこ」と。長い間、何回も津波におそわれて、とにかく津波が来たら、手助けするというよりも、てんでんばらばら山に向かって逃げろ、それが一番いいということです。つまり、助けなければいけないということを押しつけられてしまうと、逆にだめな状況というのもあるわけです。

奥田　絆ブームは下手をすると自己を失う危険があったと思います。絆は関係そのものですから、常に相手と自分の中で変化し続ける、いわば生き物です。それが固定的に語られる。依存的にさえなる。そもそも一人でいることのできない人は、絆を結ぶことに慎重になるべきです。絆による協調が単なる依存に終わる。一人になれるということは、絆を結ぶ際の前提だと思います。しかし、逆もまた真なりで、誰かと一緒にいることができない人が一人になることは危険です。それは孤立に終わります。一人でいることと共にいること。この二つは絆の前提です。

▼不合理と向き合う

茂木　この世は不完全ですし、色々不条理だとか不合理、怠慢もあります。僕は、そういう中で喧嘩の流儀がとても大事なことだと思う。変えるためには、メイクノイズというか、批判したりしないといけないわけですが、そのとき当然対立します。怒る人もいるし、何をと思う人もいる。だから、喧嘩の流儀が必要になってくるわけで、例えば北九州市の場合は、どういう感じだったんですか。

奥田　二〇〇〇年八月当時の北九州市は路上生活者に対して生活保護を一切出していませんでした。二〇〇六年ごろにも、生活保護申請を拒否したりする「水際作戦」で有名になりましたが。それに対して、我々の仲間は一九八八年から教会や公園で炊き出しをしていました。その間、公園使用許可を申請したいと申し出ますが、そもそも受けつけてもらえない。だから、ゲリラ的にやるしかなかったわけです。でも一カ月か二カ月経つと、その公園の入り口に車どめが設置される。仕方なく次の公園に移動。それが何度も繰り返されました。私も頭にきて、「こうなったら車どめが絶対つけられないところでやる」ということになり、九八年からは北九州市役所の敷地内で炊き出しを始めました。そこは車の出入りは自由ですからね。

茂木　すごい。

奥田　二〇〇〇年には市議会でその炊き出しが問題になり、ある市議会議員からは、「あの奥田だけは絶対許さん」とかいう発言も飛び出した。それでも知らん顔してやっていました。ある日、市関係の知り合いから電話がかかってきて、「今日は奥田さん炊き出しやめた方がいい」と。「何で?」と訊いたら、今日はもう炊き出し排除の予定だと言うんです。さらに奥田逮捕で動いていると。市は、態勢を整えているという話で。

茂木　それ容疑は何ですか。何の法律違反? 道路交通法違反? 条例違反とか?

奥田　公園使用の条例違反とか何か。まあ嫌がらせでしょう。当時、私ははねっ返りでしたから、「やってもらおうやないか」と。「飯食えない人に弁当配って捕まるって、どういう罪状なのか聞かしてもらおう」ということになりました。でも、私はいいけれど、学生ボランティアが逮捕されたり、まして野宿のおじさんが逮捕されたら困る。私はできるだけ情報を得ようと、自宅にこもってあちこち連絡をとっていました。どうやら本気らしくて、新聞記者からは「絶対手を出さないようにと皆に言っておいた方がいいよ。奥田さん

も手を出したらいかんよ」と。私は「出すわけないやろう」と言いました。

茂木　公務執行妨害などにされちゃうからね。

奥田　逮捕されると、起訴なり釈放なりが決まるまで、最長で七十二時間身柄を拘束されます。毎週金曜日が炊き出しですから、逮捕されると日曜日の礼拝に間に合わない。教会の役員に電話して、「申しわけないけれども、逮捕されたら日曜日の礼拝に間に合わないから、信徒で礼拝を守ってください」とお願いしました。実際に現場へ行ってみたら、役員が数名心配して来てくれていました。当時のニュース映像も残っていますが、第一関門は庁舎の管理をしている総務課、次は公園局。教会のある役員から、

「役人といっても相手も人間です」と言われたことを覚えています。当時の私は牧師にもかかわらず、敵は敵という意識でした。野宿のおじさんが多いときで年間二十人近くが路上で死んでいる。まさに殺人行政がなされている。「絶対に許せない」という思いが正直ありました。そして、夕方さあ行くぞと家を出ようとしたときに、市から電話がかかってきた。いつも対決していた当人からでした。「個人の立場で今から話しますから聞いてください」と仰《おつしや》る。私たちはインターネットなども使って世界にSOSを出していました。それで市庁舎にはファックスや電話が鳴りまくっていたとのことでした。ホームレス排除どころか支援の炊き出し排除、いわば人道支援活動自体をさせないというのは世界でも類を見ないことなので、ものすごい抗議の声が寄せられていたわけです。市はそのことを気にし始めていると。逮捕の話も本当でした。それから、その日、市長は出張で不在、最終判断に市側も苦慮していることがわかりました。その方の電話を受けつつ、教会の役員の言葉がよみがえりました。「相手も人間」。当たり前のことですが、その電話を受けて妙にほっとしたのを思い出します。まあ、それでも乗り込んでいきましたが。

茂木　逮捕されるというのに、すごいですね。

奥田　私が公園局の役人に詰め寄っているところは新聞に大きく載りました。そのとき、その春にアパートに入居された六十代の男性が割って入ってくれました。彼は市の担当者に向かってこう切り出しました。「私が去年の暮れ小倉駅で野宿していたときに、あなたたちは一体何をしてくれましたか。私の荷物を捨てたのはあなたたちじゃないか」。彼は、本当に涙を浮かべながら、「あんたたちは何もしてくれなかった。私が今生きていられるのは、この人たちがしてくれたからだ。この人たちが全部やったんだ。あなたたちにこの人たちのしていることをやめさせることはできない」と繰り返し主張してくれたのです。それで市側がたじたじになってしまい、その日は炊き出しをすることができました。阻止もされず、誰も逮捕されませんでした。

茂木　その男性の言葉が効いたんですね。

奥田　はい。その言葉はとてもありがたかったです。おじさんたちが守ってくれたということが本当にうれしかったのですが、でもその日の夜、私は悩んでしまいました。「全部やった」と言われたけれど、「全部はやってないよな」と思ったわけです。運動家には反権力意識みたいなものがあって、どこか全部行政のせいにしてしまう。野宿のおじさんが路上で死ぬのは行政が生活保護を出さないから、行政がシェルターをつくらないからだと。確かにその面は大きな問題なのですが、でも、じゃあ自分は全部やったのかと問われるとどうもすっきりしない。いや、やってないんじゃないかと考えました。行政の責任を追及することで、自分たちの責任を回避してきたのではないかと思ったのです。それで、「行政がシェルターをつくらないのなら、自分たちでつくればいいんだ」と思って、仲間たちに二つのことを提案しました。

一つは当面行政交渉はやめること、殺人行政のチラシをまくのに使うエネルギーを全部野宿のおじさんたちのいのちのために集中しようと。行政交渉は結構疲れるし、殺人行政と書いたチラシをまくことはこちらの心もすさみます。

もう一つは自立支援住宅を開設することでした。翌年の五月、ついに九州初のホームレス支援施設である自立支援住宅がオープンしました。当時の私はどこかでステレオタイプに考えており、行政は悪、俺たちは正義みたいな色分けがありました。呪縛《じゅばく》といっていい。そんな中に身を置いていると、やれることさえしなくなってしまいます。そして、その二年後の二〇〇三年、あれだけ対立していた行政との協働が始まったわけです。

しかし、その後も大変でした。「奥田は日和《ひよ》った」と言われ、ずっと一緒にやってきた仲間が離れていくことも経験しました。あのとき私の前に立ってくれたのは浦野さんという人で、もう亡くなりましたが、うちのNPOの恩人のような存在です。彼は、初代の自立支援住宅の管理人になりました。あの一言がなかったら、今厚生労働省の委員などもしていないでしょう。

茂木　喧嘩の仕方ですが、どうしても喧嘩するときには、相手を悪の帝国みたいに言ってしまったり、人間じゃないみたいに言ってしまったりしがちです。それ自体が一つのイデオロギーだし、コミュニケーションの拒否にもつながります。僕もどちらかというとすぐ悪口を言ってしまう人間なんです。ホームレスの人たちが寝ていた新宿駅西口の地下に、それをできなくするために変なかまぼこみたいなのが建ったときも、すぐに都庁に電話しました。あと、家の近くの公園にホームレスの人が二、三人いたんですが、突然フェンスができた。どこのフェンスか調べてみたら財務省だった。彼らのやり口って、うまいんですよ。ホームレスの人たちに出なさいと言うと、自分たちがリスクを負わなくちゃいけないから、そもそも物理的に来られないようにしてしまうのです。でも彼らだって当然家に帰ったら家族がいたりして、温かい気持ちがないはずはない。

奥田　そうなんですよね。

茂木　結局そうしてコミュニケーションを拒否しているということだと思います。相手を一方的に悪だと決めつけて、ののしったりするのも、ある意味ではコミュニケーション拒否です。僕はホームレス支援の問題は、やはり、いかに奥田さんのいう他者とコミュニケーションをとるかということだと思います。これからの日本を、もし我々が変えていかなければいけないのだとすれば、最も考えなければいけないことの一つです。

奥田　他者との出会いには二つあって、一つは非常に危険性を含む出会いであり、オープンな出会いです。もう一つは自分の教養を高めるためとか、自分のための出会いというものです。

茂木　ええ。

奥田　日本の戦後の歩みというのは、どちらかというと後者中心で、自分の満足こそが幸福だと考えてきたように思います。戦後の高度経済成長に裏づけされた時代というのは、ある意味、〝私（自分）〟を満足させるということの追求でした。しかし、それが崩れたのが一九八五年ぐらいからで、先ほど述べた労働者派遣法や民営化などで、露骨な資本主義の論理が拡大していきました。九〇年代に入るともっと加速して、九五年に日経連（日本経営者団体連盟。現在の日本経済団体連合会）が非正規雇用を含めた労働力の流動性を高めるプランを出した。国際競争力強化の中で人件費に手をつけるということです。正規雇用や終身雇用が崩れていく時代が始まって、九九年、二〇〇三年と労働者派遣法が改「正」されました。今の非正規雇用はかなり問題がありますが、非正規雇用自体というよりも、非正規雇用が、〝非人間的雇用〟であることが問題だと思います。逆に、正規雇用は本当に幸せだったのかも問われる時期に来ています。頑張ればある程度満足できるということが本当に幸せだったのか。生存権が脅かされる事態は論外ですし、労働者が消費材のように使い捨てにされている現実、特にそれを若者が負わされていることは大問題です。労働者はかつては労働力でしたが、今や消費の対象です。企業の非正規雇用の担当部署が人事部ではなく、購買部などであったことからもそれはわかります。

しかし、不安定であるが流動化し始めた社会が、生存権を守りつつ、一元化された価値観の中から一歩を踏み出すチャンスとなり得ないのか。そもそも私の周囲で様々な運動に関わっている人々は、五十歳、六十歳で未だに月収十数万です。不安定な人生ですが、これが実に幸せそうです。一体何が人間の幸せなのか。私は、満足と幸福は違うと思います。これまで我々は満足イコール幸福だと考えてきましたが、満足できなくても幸福だということがあるのではないか。昨今、非正規雇用で路上に押し出された若者たちとしばしば出会います。我が家にそのまま居候する人もいます。彼らに頑張って正規雇用に戻れという道しか示せない社会ではなくて、もっと多様な幸福や生き方を見出せる社会とは何であるかを考えています。

▼抱きしめて喧嘩する

茂木　僕はずっと怒りを覚えていることが幾つかあって、一つが新卒一括採用です。新卒一括採用を維持していることが、どうしても許せない。でも、そういう新卒一括採用を続けている企業でも一人ひとり見るとすごくいい人だし、人事担当者だって悪意があってやっているわけではない。ただその結果として、ものすごい圧迫を人々に与えている。エントリーシートというくだらない書類とか、就活でものすごく傷ついている人がいるし、そこから外れちゃった人がいわゆる正規雇用というものにそもそもチャレンジするチャンスがないような社会は、絶対おかしいと思うんです。

奥田　その通りです。

茂木　僕は絶対に自分のロジックを曲げるつもりはなくて、言い続けると思うんですけれども、ただそのときに喧嘩の仕方がありますね。新卒一括採用を続けている人たちを一方的に悪人に仕立ててもしようがないわけで。奥田さんの言うようにできればいいんだけど。クリンチして（笑）。

奥田　私の喧嘩の流儀は抱き合い喧嘩ですからね。

茂木　接近戦ですか。ボクシングみたいに？（笑）

奥田　いやいや、そうではなくて、まずはぐっと抱きしめておいて、どつくわけです。ボクシングじゃ反則なんですけどね（笑）。まず抱いたうえで叩く。しばいて、叩いて、言うことをきいたら抱きしめるという順番ではダメ。今や親子関係でさえそうなって、家族もばらばらになっています。順番が間違っているのではないかと思います。

茂木　喧嘩の流儀を、皆もう少し学ばないといけないんでしょうね。相手を人間扱いしながらやるという意味で。

奥田　そうです。元来は大人の喧嘩は、立ち会いのガチンコなんだと思う。でも、私の中では、特に野宿のおじさんたちとの関わりでは、それをやると潰れてしまうというか、離れてしまうということを何回も経験しているのです。

茂木　野宿のおじさんたちが？

奥田　そう。だからまず抱きしめてから喧嘩する。でも、本当の成熟社会というのは、一人で立つことと、共にいるということが両義的、同時的なはずですから、本当の喧嘩はガチンコなんでしょう。本当に相手を信頼していたら、片方が相手を擁護しながら叩くという傲慢な喧嘩じゃない。でも、その一歩手前の喧嘩の流儀としては、抱き合いながらどつくという喧嘩が必要です。今は喧嘩もしないまま他人を排除する。卑怯《ひきょう》です。排除するのなら、せめて面と向かって喧嘩しないと。

茂木　僕はまさにその問題を気にしているんです。都庁に電話したときとか、公園事務所に電話したときに印象的なのが、喧嘩にならないことです。僕は連帯保証人制度も絶対許せなくて、銀行主催の講演会などで連帯保証人制度がずっと許せないとか言うと、来ている中小企業の人たちが皆拍手する（笑）。銀行の人たちはすごい渋い顔するんだけど。不思議に思うのですが、非対称なんですよ。腹が立っているときって強い言葉で言うし、情熱的に言うじゃないですか。ところが体制側というかシステムを運営している人たちはシーンとしている。

奥田　そう、そう、喧嘩にならない。

茂木　何か主張があるんだったら言ってくれればいいじゃないですか。こういう理由で連帯保証人制度は重要なのだとか、新卒一括採用制度は必要なのだと言ってくれればいいのに、何も言わないで黙っているんですよ。

奥田　喧嘩なき社会が優しい社会かというと全然違う。それは冷たい〝無縁社会〟です。なぜ喧嘩しなくなったかというと、仲よくなったのではなくて、無縁になったからです。縁を結ぶ主体が弱すぎるし、人間に対する希望というか、出会いに対する楽観がない。

茂木　なるほど、そうかもしれない。僕が何か激しく言っても、この人は何か変なことを言っているというように受け取られています。要するに自分たちがシステム側にいて現状で満足していて、そこから排除された人たちに対して別にパッションもないというか、失敗したぐらいにしか思っていない。そういう人たちのある種の冷たさというものが、とても乗り越えがたい壁として、立ちはだかっている気がします。

奥田　一方で、相手の領域を侵したら交渉なしで一気にやっつけられたりします。無縁だから放任かというとそうでもない。無縁社会は排除社会でもある。茂木さんはそういう経験ないですか？　猫の尾っぽを踏んでいるぐらいは適当に無視されるけれども、いよいよトラの尾っぽを踏んだ瞬間にやられてしまうような。

茂木　まだ、そこまで僕はやってないんでしょうね。

奥田　本当に喧嘩しようと思うと、多分厳しい場面が出てくるでしょう。私が関わっている生活保護の改革でも怪しい方向に行っていますし。

茂木　どうなりそうでしょう。

奥田　生活保護予算が抑制されました。生活保護は生存権に関わる制度であり予算です。それを総額で何％削減しようなどというのはそもそも乱暴な話です。さらに扶養義務者に対してその義務を果たせと強く求めるなどということは、申請に対する心理的抑制作用として働くでしょうね。路上の青年に「なんで家に帰らないの」と尋ねると、「こんな格好じゃ帰れない。これ以上親に心配かけたくない」という声が結構返ってきます。この社会が持つ生活保護受給者に対する冷たい空気も気になります。生活保護を受けること自体が恥ずかしいことであるかのように思わせる空気が、保護世帯にとってのスティグマとなっています。でも、単にアンチの運動で終わるのも心配です。私は今の生活保護制度にも問題はあると思います。例えば生活保護は経済給付で、基本的には家賃、医療費、生活費を国が負担します。ハウスレスやマネーレス、ジョブレスには対応しますが、ケアレス、関係の貧困であるホームレス状態には対応していません。アンチではなく、何を提案するかが肝心です。

茂木　その通りです。

奥田　北九州市と喧嘩してきて、私たちの側も変わりました。提案型でやるということが重要なんです。ホームレスの運動はまだまだ狭い範囲かもしれないけれど、私はやはりこういう事柄には普遍性があると思う。私たちの運動が通奏低音のように広がっていく社会があると思います。

茂木　ええ。

奥田　だからそこには応援してくれる人は必ずいると思っています。私は一人の恩師から「お前には現場がある。けど現場にかまけていたらいかん」と言われました。「神学的抽象化の作業をしなさい」ということでした。つまり、言葉化の作業です。北九州市のホームレス支援の一つの特徴は言葉化だと言われることがありますが、ハウスレス、ホームレスをはじめ、そのことで問題や事柄の普遍性をより多くの人々と共有してきたと思います。

▼権威に無批判にならない

奥田　キリスト教では、人は神の形をいただいたと一方で言い、もう一方で罪人だと言う。それが一体となっています。五世紀のカルケドン公会議では、キリストはまことの神であり、まことの人であるという両性論をとりました。キリスト教はこのように、単性論ではなく、両性、両義性を保持しており、そこに真理体系をつくろうとした。神様でないのかと言えば人ですと言うし、人だと言われれば神だと言う。ですが、最低そういう両義性みたいなものを認めていくことが大切なのではないかと思います。

茂木　宗教に関わることで、僕がとても面白いと思うのは、ユダヤ人にはなぜあんなに創造性があるのかです。ユダヤ人と同じ確率でノーベル賞をもらっていたら、日本人は自然科学分野で五百五十人ノーベル賞受賞者がいなくてはいけないんです。

内《うち》田《だ》樹《たつる》さんとお話ししたときに、ユダヤ神学の『タルムード』においては常に一つの教義というものはないと言われました。ラビがいて、色々なことを言って、お互いに論争しています。議論や論争をずっとやっているという歴史の中で、ある種の弁証法的な考え方が培われてきたのではないかということです。我々も科学をやっていく中で、学生が論文を書いてきたときに、悪魔の代理人をやりますという言い方があって、デビルズ・アドボケイトというのですが、要するに論文の弱点を指摘するわけです。もちろん、自分と一緒に研究している大切な学生の論文だからかわいいんですけど、論文の査読者がそれを見たときに弱点を突くようなことを言って、反論させて、論文を強めることを目的として、悪魔の代理人という役割をします。カトリックで列聖するときに、どんなに聖人君子でも、こいつはこんな悪いことがあったというようなことを言って攻撃しますね。だから、議論やプロセスを通して真実に至る道筋があるだけで、これが真実だということが最初から保証されているわけではないというのが、ヨーロッパの文化の強みなのだろうと思う。二大政党制なんかも恐らくそういうところから出てきているのだと思います。世界遺産登録騒ぎもそうですが、ユネスコにしてもノーベル賞にしても、お墨つきを得られると、それを無批判に受け入れるという考え方が、日本の限界なんだろうなという気がします。

奥田 それは感じますね。ですが例えば、茂木さんの言葉がそういう権威になってしまう場面はありませんか。

茂木 いや、ないですよ。

奥田 私は、日本人の感覚からいくと、すごくあると思いますよ。茂木さんとは全然レベルが違いますけど、私でさえＮＨＫの番組に出た後に、それまでと同じことを言っているのに、そうだったんですかと納得する人が増えたようで気持ち悪く感じるときがありました。やはり、権威構造の中で皆生きている面があるので、そういう何かちょっとした権威づけ、例えばＮＨＫに出たみたいなことで価値が上がってしまったりします。そういう権威に自分を合わせようとする人さえいる。茂木さんは、そういう意味では自由な人だと私は思いますが、でも茂木さんの言葉を恭しく奉る人たちもいるでしょう。

茂木 ツイッター見てるとそんなこと全然ないですね。ただ、すごく気になる傾向があるのは、日本人の場合、何か言ってきても、反論になっていないことです。反対だったら反対でいいんですよ、興味深いことだから。でも、タイムラインを見ると、そういう人は色々な人に難癖つけていることが多くて、何が目的なのかなと思います。

▼顔が見える支援を

奥田　阪神淡路大震災のときは携帯電話が普及し始める直前でしたが、東日本大震災では情報伝達は早かった。私たちも三月十八日には現地事務所を開いていました。私は出会い中心なのですが、最初に訪ねた牡鹿《おしか》半島の小さな集落で一人の漁師さんと出会いました。私たちの活動方針は「最も小さくされた人に偏った支援を小さく長く行う」でした。「偏った」は語弊があるかもしれませんが、出会いとは偏ることに他なりません。六十歳を越えておられたその方は漁師を続けるかどうか迷っておられましたが、「漁を復活させたい」と決断されました。当初は、食品の支援なども必要ですが、それをしてもすぐに一千万や二千万円はなくなってしまいます。だったら、漁を復活させるための支援をしようということになり、生活協同組合と連携して組織（現在の「公益財団法人　共生地域創造財団」）を立ち上げ、船や牡蠣《かき》いかだを準備しました。さらに、その漁師さんから「支援をしてもらってうれしいが重い。何のお返しもできないのがつらい」ということを聞かされました。人は助けられっぱなしではつらいわけで、助ける側と助けられる側の固定化は大きな問題でした。それで「相互多重型支援」ということを提案しました。漁師は私たちの支援を受け牡蠣養殖を再開する。牡蠣ができればそれを使って殻つき牡蠣のソーシャルビジネスを興し、路上の青年たちに対するケアつきの社会的就労として提供する。食べる人は、一粒で二度おいしい。震災復興支援と困窮者支援が同時にできる。助ける、助けられるが相互性を持っていること、また、一つの牡蠣に多重的な意義が込められるのです。

茂木　なるほど。それは大事な視点ですね。東日本大震災でボランティアをしたいという人は沢山いましたが、一方で、どうしたらいいかわからないという人も多かった。でも、顔が見えるとその人の気持ちが想像できる。避難所に古着を沢山送りつけて、現場では「それは要らない」ということも生じていました。でも、例えば知人が被災して何か送ってあげようというときに、顔が見えている人だったら、古着を送ろうとは思わないじゃないですか。もちろん、古着が役に立つときもありますが、やはり顔が見えていることで気遺いがちょっと変わってきます。

そういう意味においては、奥田さんが自分が死んだら葬式に来てくれるということがセーフティネットというか、幸せ、安心安全なんだと言っていましたが、ふだんから誰かとつながっているということがポイントです。〝顔の見える援助〟とよく言うけれど、その絆は政府が言っていたような抽象的な絆ではなくて、〝あの人〟との絆なのです。でも、その人は案外困った人だったりして、癖があったりとか。そうすると、当然さっき言ったように「傷」が含まれているはずですね。

奥田　私は震災の前に起きたタイガーマスク現象が気になっていました。何が気になったかというと、タイガーマスクと名乗る匿名性です。キリスト教にしても匿名性は基本です。聖書には「右の手のしていることを左の手に知らせるな」、つまり「いいことは隠れてせよ」と述べられています。人前でするのではなく宝は天に積めという思想です。そういう意味では匿名性が大事だというのは確かにそうなのですが、タイガーマスク現象に見られた匿名性は、実はそれだけではないのではないかと感じていました。あの匿名性は出会いを避けているのではないかと。タイガーマスク現象自体は私もすばらしいと思っています。

「日本人もまだ捨てたものじゃない」と多くの人が感じた。児童養護施設にはランドセルを含む「入学支度金」があります。決して十分ではないし、ランドセルの分を他に回すということもできたでしょうから、ありがたかったでしょう。でも、できたら茂木さんの言うように顔の見える支援がいいと思います。一方的に送るよりもよく相談したうえで必要なものを送る。相手が見えていないために自分の思い込みだけで送ってしまうのではなく、本当にニーズがあるのかどうか把握することは重要です。

茂木　相手の本当の都合を知らないということですね。

奥田　ええ。本当の支援は顔が見えないとできない。ニーズを知ることも必要ですし、何より出会いにならないことが問題です。出会わないと贈った人の責任も不問のままです。ただ、出会いは単純ではありません。実際、支援の現場では、私たちがよかれと思っても、野宿のおじさんから「こんなもの要るか」と怒られることがあります。よかれと思ってやっている分、こちら側ものすごく傷つく。でも、出会いや絆ということはそこから始まるのです。ランドセルを送って、「こんなランドセル嫌だ」とか言われるところから始まるんですよ。

茂木　「色が嫌だ」とか。

奥田　「テレビCMのじゃないと嫌」とか言う子どもだっているでしょう。

茂木　それはそうだね（笑）。

奥田　その現実を抜きに人助けしようということ自体が幻想です。「こんなもの要るか」とランドセルを蹴飛《けと》ばしている子どもがもしいたとしたら、なぜこの子はまだ六年ぐらいしか生きていないのにありがとうと言えないんだろうと考え悩むというのが出会いです。タイガーマスクを持ち上げた社会というのは、やはり無縁性、つまり出会わないですますことを前提としてしまっていると私は思いました。出会ってしまうともう私は私でいられなくなります。そうなるともう勝手には生きていけない。自分の都合だけではすまない。しかし、現代人はよいことはしたいが、自分を変えてまではしないと決めているのではないか。だから、直接出会うことを避けたのではないかと思うのです。直接出会うと傷つくこともある。でも、絆は傷を含んでいる。絆は傷から始まる。それを覚悟しないと何も変わらないのではないかと思います。

▼先に縁をつくる

茂木　つくづく思うのですが、支援などをする以前に、まず絆がつくられないと無理なんですよね。普通のプレゼントを考えても、友人や恋人、家族など、よく知っている人でさえ、難しいじゃないですか。

奥田　難しいですね。

茂木　何をやったら、彼・彼女が喜ぶんだろうというのは、よく知っている人だって難しいのに、全然知らない人が何を必要としているのかなんて、わからないですよ。もちろん、生活するうえでの最低限の飲食物などならある程度わかるけれども、問題はその後です。復興支援という段階になったときに、それまでの生活の経緯もあるし、別の仕事に就いた人もいるだろうし、その人を知らなかったら何が必要なのかはわからない。奥田さんが漁師さんに船をというのは、よく知っているからそういうことができるわけです。

奥田　大震災の三週間後にその牡鹿半島の集落を訪ねたのですが、その手前の石巻《いしのまき》の光景に非常にショックを受けて、ほとんど言葉を失った状態でたどり着きました。港を含め、その集落の大半は津波で流されていました。引き波のときは、湾の底が見えたと聞きました。震災直後から私たちのスタッフが食料など支援物資を届けていたので、区長さん夫婦が出迎えてくださいました。そのとき、私たちが届けた九州からの支援物資の中に入っていた絵手紙を見せてくれました。それには、「生きていれば　きっと笑える時がくる」と書かれていました。そのご夫婦は、その絵手紙を見せて涙を流しながらこう仰ったのです。「私たちは今回の津波で全部失いました。でも、今、これで生きているんです」と。以来、私にとっての震災支援は、この手紙の意味を考えることでもありました。

茂木　手紙の書き手にとってもよかったですね。

奥田　支援が始まって二カ月くらいしたころ、区長さんが「村の人たちと、もう今日食べるものをもらうのはやめようと話しています。今からは鍋《なべ》とか釜とかをもらおうと言っています」と仰った。非常に健全だと思いました。それで、先ほど言ったように、牡蠣の養殖再開へと向かうわけです。牡蠣の収穫には二年かかる。養殖再開を決めたとき、区長さんと海を見ながら、「二年後、この浜で区長がとった牡蠣をさかなに、地元の酒を飲む。それを僕の二年間の目標にします」と言ったら、区長さんが「私、今日で二年寿命が延びました」と言ったんですね。彼らはやはり震災後、その日しか生きていなかったのです。この話が始まって、彼はやっと「二年後が見えてきた」と言いました。二年が経った今、牡蠣養殖は震災前のレベルに完全に回復しており、相互多重型支援の牡蠣の販売も始まりました。名称は「笑える牡蠣」。あの手紙の言葉をもらいました。「漁師も笑った、若者も笑った、食べるあなたもきっと笑える」というキャッチフレーズで売りました。

こういうのは行政にはできません。なぜなら、行政などの公的セクターは、平等性とか公平性ということに重点を置くからです。私たちのやったことは偏っています。でも、そんな民間団体が幾つもできることが大事だと思います。

茂木　行政って、ものすごく限られていますよね。僕も実は過激な人間なので、おかしいと思うと行政機関などにすぐ電話しちゃったりするのですが、そうした経験でよくわかったことがあります。公共とは、政治とは何だろうと考えてみると、奥田さんが言うように、行政の公平性の原則というか、特定の個人には肩入れできないというある種の建前というものを彼らは持っている。でも、それだと限界があって、要するに行政にできることといえば、典型的には予算をつけることで、その手助けを政治家がやっているという構図です。

奥田　ええ。

茂木　それで、結局、予算というものは、顔が見えなかったり、絆がなかったりしてもつけられるのです。復興予算は幾らとか。その使い道を考えたときに、公平性からすると一世帯当たり幾らという話になる。でも、その人たち一人ひとりがどういうことで困っているかというのは、全然見えないわけです。だから、東日本大震災の支援もそうだし、ホームレス支援もそうですが、鍵《かぎ》は奥田さんの言う意味での絆を結ぶことだと思う。日本政府が言っていた絆は、お金を出しますというのと、すごく近いものでした。個々人の顔が見えているわけではなくて、「大変な方々がいます」と。どこの誰それではなくて、「大変な方がいます。その人たちとの絆」などと言っていたのです。

奥田　そうですね。

茂木　僕も被災地に行きました。中学校で授業をしたりしたのですが、石巻の光景を見たときには、同じように言葉を失いました。

奥田　壊滅状態に見えましたね。

茂木　本当に、もう茫然《ぼうぜん》とするしかなかった。しかも、リアス式海岸であるせいか、場所によって状態がまるで違うんです。

奥田　全然違いますね。道一本で全く違う。この不条理に苦しみは一層深まります。

茂木　僕は軍手などを用意して行ったんです。それから、子どもたちに会ったら渡そうと思って、お菓子なども持っていきました。でも、告白すると、初めて行ったときには僕は車から一歩も出られませんでした。色々発信はできたのですが、女川《おながわ》でも車の中から出られなくて、出られたのは石巻の港の仮設トイレに行ったときだけだったのです。そのときに、作業服を着ている人たちがいて、僕の方を見たりして、なぜかはわからないけれど申しわけないという気持ちが自分の中に生まれました。結局、大したことはできなかったのですが、でも行かないとわからないことが、色々ありました。被害がいかにすさまじいものかというのもわかるし、生き残った人は一生懸命やっていることもわかるし、これは自力で再生なんて絶対に無理だということもわかります。よほどのことをしなくてはいけないと。だから、やはり、奥田さんの言う意味での絆を結ぶことしかないと思う。この人を助けるという。

奥田　そう思います。

茂木　そうでないと、僕は無理だと思いました。

奥田　本当にその通りです。阪神淡路大震災が起きた一九九五年がボランティア元年だといわれていて、東日本大震災でもボランティアはかなり行ったのですが、現地も混乱しておりあまり受け入れがうまくいきませんでした。車中泊の避難者やボランティアもいました。二〇〇四年の新潟県中越地震のときに皆が避難所へ入れなくて、車中泊して血栓ができてしまった人がいました。だから私たちは、例の牡鹿の集落に独自にプレハブを建てたのです。

茂木　奥田さんは色々ノウハウがありますからね。

奥田　何かをしたいという気持ちを多くの人が持ったと思います。でも、それと同等か、それ以上大事なのは、現地を見て言葉を失うという経験だったかもしれません。私たちの思考の能力をはるかに超えた事態の前で。

茂木　本当にそうです。僕も阪神淡路大震災のときに二カ月後に長田地区などに行きましたが、東日本大震災はもっとすさまじいと思いました。

奥田　はい。私は陸前高田に行って、一番奥の小学校の校庭からずっと見下ろしたら何もない。建物がなくなっただけではなくて、あの広大なところに、ほとんど人がいない。あの風景は忘れることはできません。

茂木　戦後の焼け野原と全く同じですよね。

奥田　町がなくなっただけではなくて、人がいなくなったのが衝撃でした。人間がいなくなるということはどういうことなのか。それが一番恐ろしかった。

茂木　よく〝希望〟とか〝絆〟と軽々しく言えるなという気になりましたね。言葉がない。

奥田　確かにツイッターは便利だったし、私も色々つぶやいていましたけれども、一方で沈黙ということが必要だと思わせられました。

茂木　ええ。僕も直後は震災に関してツイッターをものすごく使っていましたが、あるときにぱっとやめたんです。「これは違うんだろうな」と思って。ツイッターで活動することを生きがいとしているような人たちがいて、それはそれでいいのですが、ある意味では、お手軽でもあります。自分の空間にいて、自分のところに来た情報を流すだけですから。それは必要なことだけど、現地のあの状況を見れば、それでは絶対に届かない何かがあるということもわかる。これからまたあそこに住宅とかをつくるのかとか、防波堤なんて無理なのではないかとか。三十メートルの津波が来て大丈夫とかあり得るのか。本当に言葉を失うしかありません。

奥田　政府は創造的復興とか言ってました。技術的にどうこうということもありますが、私は文明とか、生き方のターニングポイントになるという意味で創造的であるかどうかが重要だったように思います。

▼環境に影響を与えない技術はない

奥田　原発事故は、警鐘を鳴らしていた人においても実際大きな衝撃でした。

茂木　ええ。震災前ですが、京都大学の原子炉実験所の教授と「婦人公論」で対談したことがありました。僕は対談は山ほどしているし、そういうことを気にしていないので知らなかったのですが、電事連がタイアップしていたページだったらしいんです。そこで原発を礼賛するようなことも特に言っていないのですが、それを根拠に茂木さんは原発推進派だったのかみたいなことをツイッターで訊いてくる人もいて、日本がちょっと変なふうになりましたね。原発推進派か反対派かという色分けをして非難したり、逆にお互いに対話しないという。

奥田　原発そのものの問題と〝原発村〟という構造の問題、さらに文化や人の生き方に至るまで、原発の影響は大ですね。

茂木　僕は六ヶ所村に自分で行ったことがあります。よく車でふらっと色々なところに行くので。行ってみるとすごく意外なことがありました。何だと思いますか？

奥田　私も行ったことはありますが、何ですか？

茂木　風力発電の風車が目立つように立っているんです。

奥田　そういえば、そうですね。

茂木　風力もやっていますよというアピールなんでしょうけど、それ自体がちょっと異常な感じです。これは、ものすごく難しい問題ですが、僕は元々物理学科なので、知人で原子核物理を研究している人も沢山いるし、技術者の本能としては、技術的な課題があったらそれを解決したいという気持ちがあるのは理解できるのです。僕は別に原子力を推進していたわけじゃないけれど、現場の人たちと話してみても、より安全で確実な原子核関連技術を確立したいという、その気持ちはわかる。ただ、やはり今回のようなことが起こってわかることは、もし何かがあったときのコストがものすごく高い。だから、純粋な経済問題として見たとき、今まで原子力発電所のコスト計算のときに、廃炉費用とか、事故が起こったときの賠償金額などが、実は算入されていなかったのだろうなと思いました。〝外部不経済〟ということです。一応マーケットメカニズムでこの世の中が動いているのだとすると、安いと思われていた原発の外部不経済もちゃんとコストに入れるべきだと思います。そこをごまかしてはいけないでしょう。

奥田　ものすごい金額になるでしょうね。さらに、健康被害、特に遺伝子における放射能被害は、もはや経済の問題ではありません。子どもの被曝《ひばく》は特に心配です。

茂木　一方で、風力や太陽光が環境に優しい技術というけど、そうとも言い切れないですね。僕は、六ヶ所村の風車がぐるぐる回っているのを見たときに、これが環境に何の影響も与えないはずがないと感じました。実際、鳥が当たって死ぬこともありますし、風力だと環境に影響がないとはいえないんですね。また、サハラ砂漠に太陽光パネルを並べればいいとかいいますが、サハラ砂漠にも生き物はいます。太陽光パネルを敷き詰めたら、当然環境は影響を受けます。シェールガスの採掘も生態系に影響を与えますし、僕が言いたいのは、要するに人間が生きている以上、環境に負荷を与えないということはないということです。

奥田　その問題は、大きいです。すなわち、科学技術とは何か、文明とは何かという根本問題です。ただ、その前に経済やコストの問題でいうと、原発が低コストだという背景には事故や廃棄物処理を計算に入れなかったということだけでなく、現場で働く労働者の問題を度外視してきたことにある。私は、ホームレスや日雇い労働者で、原発労働をやっていた人たちをずっと見てきたので、これは看過できません。

茂木　それはとても大きな問題ですね。

奥田　もう亡くなりましたが、十五年ぐらい前、小倉のフェリー乗り場の近くで小屋を建てていた人がいました。で、一年に数度すごくいい格好をして現れるときがあった。

茂木　お金を摑《つか》んだんだ。

奥田　はい。定期検査などの原発の仕事に行ってきたわけです。彼は、五十そこそこでした。その方が教えてくれたんですが、原発の仕事はすごくいいと。当時、日雇いというのは、大体一日八千円ぐらいでした。それが原発に行ったら一日一万五千円から二万円ぐらい出る。宿泊は旅館で刺身つき。労働時間も一日大体数時間しかない。「でもそれは危ないということなんじゃないの」と言うと、彼は平然と「そうだ」と言う。被曝量の問題で一人の人が中に入れる日数は限られているそうです。しかし、彼は結構長期で出張に行き、ある程度のお金を摑んで帰ってくる。何でそんなに働けるのか疑問でした。

茂木　なるほど。

奥田　彼が私に言ったのは、実は最初は本名で入るんだけれども、二週間ぐらいして被曝量が限度に達すると、名前を変えて別人として登録し直してまた入るというんです。どんどん名前を変えながら二カ月以上、働いて帰ってくる。本当かどうかは知りません。でも、この手の話はよく耳にしました。

茂木　向こうは知ってるの？

奥田　可能性はありますね。建前では原発労働者は、全て管理されているはずです。労働者は危険な被曝はしていないことになっている。しかし、実際には被曝量の上限を超えていたのではないか。そういう、人の使い捨てみたいな仕組みがあって、原発は低コストだという神話を維持してきたのだと思います。結局その人は五年後に脳腫瘍《のうしゅよう》で亡くなりました。当時私たちは、「この五十代の死というのは、原発のせいではないか」と皆で言っていたのです。もちろん、実際はわかりませんが。

茂木 科学的な意味での因果関係はわからないけれど、そういう心証を強く持ったということですね。

奥田 はい。だから、私は原発は必ずしも言われていたほど安全でも低コストでもないと思います。ただ、先ほどの問題、すなわち科学技術とは何か、文明とは何かという根本問題が一方であります。原子核物理学がわからない人間というか、宗教者として思うのは、どの技術でも要は人間の技術にすぎないということです。キリスト教の立場でいうと人間は不完全な罪人であるということですが、科学技術はそもそも賭《か》けみたいなものです。絶対はない。携帯電話やスマートフォンでも、百年後ぐらいにどういう影響が出るかわかりません。環境汚染物質なんていうのは全然わからないわけでしょう。今は安全といわれているものでも、三代ぐらい後の子どもには影響が出るかもしれない。

茂木 わからないですね。

奥田 ある意味では人間の技術は全て賭けです。でも、私が思うに、残念ながら原発の賭けは、外れると致命傷になる賭けだということです。取り返しがつかない。

茂木　リスクが大きすぎる。

奥田　他の技術が普通のギャンブルだとしたら、原発はロシアンルーレットだと思います。当たると確実に死ぬ。それでは勝負できないというのが普通の感覚です。

茂木　そうですね。

奥田　技術として全く意味がないとは思わない。原子力は科学の粋ですよね。でも、ロシアンルーレットレベルで、やはりまだ勝負をかける域には達していなかったのではないかというのが率直な気持ちです。もう一つは、歴史の問題。なぜ被爆国でここまで原発がつくられたのか。

茂木　それも大きな問題ですよね。

奥田　これまで唯一の被爆国と自称してきた日本が、エネルギー政策で多くを原発に頼るという方向にいく。これは電力会社が悪いとか、それと結託した自民党政権が悪いというだけでなく、私たち国民の心象はどうなっていたのかが問われます。なぜ戦後十～二十年ほどの間でそれに対するアレルギーが萎《な》えていったのか。

▼忘れないという支援

奥田　日本には「水に流す」という文化のよさもありますが、私は、忘れない、覚え続ける支援というのはとても大事だと思っています。元々は、家族がそういう機能を果たしていました。野宿の人、路上で亡くなった人たちはお墓もありませんし、家族も迎えに来ません。大体八割は無縁仏になります。それで、私たちは丸太を買ってきて、二つに割って名前を書いて、正月や夏に追悼会をします。現在は百本くらいあります。それは、弔いであり、現に生きている野宿の人たちへの、たとえ死んでも決して忘れませんというメッセージです。でも、言い方を変えると恨みの場面でもあります。行政はカウントして数字で終わらせるかもしれないけれども、私たちは、何々さんがどこどこの公園でどんな形で死んでいたかというのは絶対忘れないと。恨という字には、心に傷が深く残るという意味があります。

茂木　なるほど。

奥田　無縁社会となって血縁が失われたことが問題となっています。私は、家族というものが持っていた機能を考えました。家族は様々なサービス、つまり衣食住などを提供する機能を持っています。また、困ったときに必要な手段につなげてくれる機能もあります。子どもが病気をしたら病院に連れていくでしょう。しかし、もう一つ重要な家族機能がある。記憶です。これが重要なのです。一緒に生活をしているわけですから、自然と記憶が蓄積されていきます。そして、その記憶を使って現在起こっている事柄や事件への対処を考えたりします。例えば、本人が忘れていても、誰かが病歴を覚えていれば対処ができます。ぶつぶつが出て熱が出た、しかし、この子は子どものときに麻疹《はしか》はしている、だったら風疹《ふうしん》じゃないか、など対処ができる。しかし、路上の支援においてはこれができない。

その人の既往症も何もわからない中で支援をするのは大変です。孤立しているということは、誰もその人に関する記憶を持っていないという状況を示します。家族が崩壊していく中で、このような家族的機能をこの社会の中でどう持たせるのかが課題なのです。「記憶の支援」、それはあなたのことを忘れてはいないという強いメッセージと共に、具体的対処を可能にするうえで重要です。

茂木　なるほど。

奥田　市民社会における心情的なものとか、文化的なものとして、非常に記憶が薄れているように思います。全てが忘れ去られるというか、持たないというか、ものすごく淡泊になっている。私は被爆国だという被害者感覚を持っていた日本で、核兵器を持とうという政治家が現れていることが信じられません。

茂木　僕は決して陰謀史観は持たないのですが、戦後、ある時期から核の平和利用を推進してきたというのは、一つには第二次世界大戦が間接的・直接的にエネルギー問題と関連していたからではないかと思います。石油供給が絶たれたことが、アメリカとの戦争に突入していく一つの原因だったという意味においては、それなりに理由のある政策選択だったとは思います。でも一方では、その後のプルトニウムの処理とかを見ていると、そういう一団が暗躍したとは思わないけれど、日本が核兵器を持つという選択肢を温存しておくという意図がなかったとも思わないのです。誰かはそういうことを考えたと思う。プルトニウムがあれば、日本の技術力だったら核兵器ができるので、そういうことを考えた人たちは恐らくいたでしょう。それが、政府の政策だったとまでは思いませんが。

奥田　そうですね。

茂木　水に流すということはすごく大事なことだと思うんです。僕は、震災直後にドイツの「シュテルン」という雑誌の取材を受けたときに、向こうはすごく不思議に思っていて、何で日本人は直後からあんなに忍耐強く頑張れるんだと。僕は、日本の自然の回復力はすごいのだと言いました。例えば、江戸の大火もあったし、もちろん津波も何回もあったし、実は日本はそういう壊滅的な災害に遭っているんだけど、自然はすごく早く回復して、だから、「水に流す」という言葉もあるし、それから、過去にどんなことがあってもそれを乗り越える力もある。それに、永続するというもののイメージが、ドイツだとケルンの大聖堂みたいに何百年もかけて徐々につくるようなものが永続するものだけど、日本だと、伊勢神宮みたいに二十年ごとに建て直すというのが一つの永続性の表現です。それで、今まではよかったんだけれど、ところが、今度の放射能汚染というのは、日本人が今までに経験したことがないものですね。

奥田　長く続いてしまいますね。流したくても流せない。

▼システムから外れた人の話を聞く

奥田　私たちがホームレス支援を始めたころ、あまり賛同者はいませんでした。ホームレスの自立については「何を夢みたいなこと言ってんだ」と笑われました。全否定のわけは、まさに所与性と過去性の問題でした。現実が所与性と過去性においてだけ捉《とら》えられるとき、容易に諦観に転化する、つまり「現実だから仕方がない」となり、現実は常に「仕方のない」過去なのだと丸山眞男《まるやままさお》は言います（「『現実』主義の陥穽《かんせい》」『丸山眞男集　第五巻』岩波書店、一九九五年）。ホームレスが自立するなど前例がないという一言ですまされたわけです。こういう体質を持つ組織、例えば、お役所の多くは新しいことをするよりも何もしない方が評価されるということになる。

茂木　恐らくどんなシステムをつくっても、必ずそれに合わないケースは出てくると思います。だから、とりあえずその状態を受け入れるしかありません。例えば、小学校のとき、ほれ薬ってないかなって、男の子なんか意外と真剣に考えたりしていた。

奥田　ええ、そうなの？

茂木　思いませんでした？　自分の好きな女の子にその薬をかけると、僕のことを好きになってくれる。でもそんな薬はないわけで、その子が僕のことを好きか否かは、結果を受け入れるしかない。要するに恋愛では、何か自分に悪いところがあって好きになってくれないわけではない。だめなものはだめなんです。不登校があったときに、よくあるアプローチというのは、学校のシステムが悪いのではないかとか、教育環境が悪かったのではないかとか、心を入れかえれば行けるのではないかとかいわれますが、でも多くの場合は何かがだめなので、その状態を受け入れるしかないのです。

奥田　不登校がつらいのは、本来学校に行くか行かないかということがその子の人生の一部にすぎないにもかかわらず、その子の全部であるかのように周りや本人が思ってしまうことです。中学生にとって自己実現できる場所が学校しかない。クラブ活動も塾も学校を核として存在している、いわば付属品みたいなものです。私の長男も不登校で死にかけました。中二の三学期に沖縄の八重山《やえやま》の孤島の学校に一人転校し、生き延びました。夏休みに帰ってきた息子に高校どうする？　と尋ねたら、「僕はもう普通じゃないから、普通じゃない高校に行く」と言い出した。そもそも普通なんかないということに気がついたわけです。ああ、この子はもう死なないと思えた瞬間でした。

茂木　そうですね。

奥田　大人は未来まで含めたところで現実を見てきたはずで、中学時代が一時にすぎないことも知っているはずです。にもかかわらず、大人が不登校は大変だと騒ぐ。人間をもっとホリスティックに捉えないといけない。近代というのは人間をものすごく分化させ、その限られた部分だけを捉えて語ってしまったのではないかと思います。例えば、胃が悪かったら胃薬を飲むというのは当たり前のようだけれど、実は体全体の問題や環境や気持ちからきているというのが普通です。

茂木　不登校には不登校の薬みたいなね。

奥田　そう考えてしまう。でも、全然違う処方とかルートがあるのではないか。河合隼雄《かわいはやお》がコンステレーション、「布置」ということを言っていました。星座的思考といいましょうか。星の一つひとつは関係なく存在しているのですが、それが実は星座という全体的な意味を持っており、それに気づくことが大切だということでしょう。一つの星だけを見るのではなく、全体の関係を見るという思考が、現代人には乏しくなっているように思います。大体何の問題もなく学校に通っている子どもって、どうなんでしょうか。

茂木　僕はあまりよくないと思いますね。中学のとき不良だった友達の方が人間的にはまともだったなと思うし、女の子がちょっと不良っぽい男の子が好きなのよって言ってたのは、全くその通りだと思いますし。僕の知っている学生でも何人もいますよ、高校を途中でやめちゃって、大検受けて大学に行ったりとか。高校に行くこと自体に疑問を持って、次の日にやめちゃったとかね。でも、そういう子の方がすごくしっかりしているんですよ。結局、普通に登校してやっていると思考停止でいられる面もあるのだと思う。奥田さんから聞いたことで衝撃的だったのが、北九州のホームレスの人たちのおよそ半数が中卒だということでした。逆にいうと、高校というシステムに入れなかった人たちだということではないですか。今の社会には、例えば、高校、大学、新規一括採用で入社というようなコースがある。ここを外れたときに、恐らくすごく生きにくいし、実際にも生活の糧がなかなか見つからない社会なのだと思う。人脈があったり、実力があって、フリーランスとしてやっていける人も一部にはいるけれど、何の経験もスキルもなくて、そのシステムから外れてしまった人が、この社会の中でどうやって生きていけるのかと考えたら、意外と大変ですよね。

奥田　意外どころかめちゃめちゃ難しいですよ。

茂木　そこでしょう、やはり結局ホームレス問題っていうのは。

奥田　既存のラインから落ちてしまったような人にしか見えてない世界があると思います。そこを基軸に何か今の世界とは違うものを見出せないか。そのスケール（計り）を持って「道から外れてしまった」と嘆く子どもを測り直すと、違うものが見えてきたりする。

茂木　そうですね。

奥田　例えば、当事者支援ってありますね。確かに相憐《あいあわ》れんだり、問題を外在化できなくなるリスクもありますが、しかし、これのすごいところは、同じような経験をした人にしかわからないという別の世界が存在しているという事実です。野宿していたという事実が一つのスキルにならないのか、社会的な評価や役割に活かせないのか、と思うことがある。ひょっとしたら、私たちがわかったような顔をして、例えば不登校になって苦しんでいる子どもとかに話すよりも、野宿経験のある人が話す方がいいのかもしれないと思います。

茂木　それはあり得ます。

奥田　野宿者は助けないといけない対象者、かわいそうな人という一点で捉えるのではなくて、この人たちから逆に聞かないとマズイことがある。現代社会が行き詰まっているのなら、その社会から排斥された人、アウトサイダーとなった人が何を感じ、何を考え、どう生きようと思っているのかを聞いたら、そこに何か新しいものが見えるのではないかという期待があります。

▼「普通」は存在しない

奥田　キリスト教では悔い改めということを大事にしています。一般的には悔い改めは過去の過ちを反省するという意味で使われますが、聖書に登場する悔い改めは違います。ギリシャ語ではメタノイアといいますが、それは方向を変えるという意味です。いくら反省しても同じところに立って、同じようにものを見ている限り、また、同じことを起こす。そうではなく、今日の社会が必要としている悔い改めは、方向を変えるということです。単なる反省ではなく、運動論的悔い改めといいましょうか。そういう意味では、不登校になった人やホームレスの人から話を聞くことが大切だと思います。それによって私たちは方向転換できる。私は北九州での二十数年間、ホームレス者から聞くというところから世の中を見直してきました。だから、それはホームレス者の社会復帰運動ではありませんでした。そもそも復帰したい社会であるかが問われたし、それを告発できたのはまさにホームレス者であったと思います。ホームレス者から社会を見たら社会はどう見えるのか、もしくはこの人を含めた新しい社会をどうつくるのか。震災支援にしてもそうです。「東へ元気を届けよう」と皆が支援に乗り出しましたが、「東から聞く」ということはどれだけあったのか。「東へ」から「東から」への転換がなければ、復興しても何も新しくならない、同じ矛盾を抱えた社会が復旧するにすぎません。

茂木　僕は、脳科学をやっているので、色々な人を見ていて、ちょっと変な人というのはわかります。でも、不登校の子どもと会っても、大体ごく普通の健康な中学生という感じがします。逆に、学校の校長先生とか教育長さんの話を聞くと病的だと感じることが多いのです。文部科学省の人たちが、学校の先生の教育集会とかに来て話をするのを聞いても、その人たちの方が変わっていると思いますし、学校の先生が教育法の研究発表をすることがあるのですが、それを聞いていると全体的に変だと感じます。子どもたちの目が生き生きとしていましたとか、興味を持って取り組んでいましたとか、そもそも科学的なエビデンスが何もなくて、発表者の主観にすぎない。研究であれば、一部の条件を変えて比較しなくてはいけないのに、洗脳を全員が受けているような印象です。

奥田　なるほど。

茂木　それは学校の不思議さに通じています。例えば、職員室に入るときには、ノックして、クラスと自分の名前を言いましょうみたいなことが入り口に書いてある。儀礼として必要かもしれないけど、別に毎回言わなくてもいいじゃないですか。そういうことがプロトコルとして定まっているのは気持ち悪いと思います。今思い出すと、「前に倣え」というのもすごい変な気がします。僕には、不登校の子の方がかえって人間としてはまともだと思うことが経験としてあります。

奥田　問題は、にもかかわらず、不登校の子たちは何であんなに苦しむのか、ということです。本当に苦しんでいますから。

茂木　なぜだと思いますか。

奥田　やはり、基準や普通という感覚が強すぎて、自分が外れていると思い込まされてしまうのではないでしょうか。自分は普通じゃないと思って悩んでしまう。

茂木　まさにそれです。普通があると思い込んでいて、しかも普通に生きることが正しいと思い込んでしまう。そこから外れた人は規格外だとか落第者だと思い込んでいる人たちの病んでいる感じが、学校に蔓延《まんえん》している気がします。

奥田　少し前にＫＹという言葉が流行《はや》りましたね。ＫＹは元来空気が読めないということでしたが、でも、現実的には空気の読みすぎが問題だったと思います。空気を読みすぎて苦しんでいる。それで、その空気が何かというと〝普通〟なんです。その普通をどこに置くかということで、ものすごい呪縛とか暗黙の了解があるようです。今の子どもたちはそこで苦しんでいるのではないでしょうか。空気が読めなくていいんじゃないかと、逆に言ってやらないといけません。あるいは、「普通なんか幻想だ」と宣言してやる。まあ、これは子どもの問題ではなく大人や親の問題ですが。大人社会が子どもたちに普通を押しつけているのですから。かつて山本七平が『「空気」の研究』（文春文庫、一九八三年）で言ったことを思い出します。空気とは「非常に強固でほぼ絶対的な支配力をもつ『判断の基準』」だと言うわけです。それに逆らうと異端として葬られるほどの力であると。例えば、戦艦大和が無謀な作戦に突っ込んでいくんですが、責任者たちは「あのときはああせざるを得なかった」と言ってしまう。この目に見えない判断基準は今日、子どもたちをも支配しています。

茂木　アメリカだと確か百万人単位でホームスクーラーがいて、しかも彼らは意外とアイビーリーグとかいい学校に進学します。ホームスクーラーがイコール落第ってことではなくて、むしろ逆です。逆にそれを批判する人もいるぐらいです。裕福な白人の家庭が学校教育を不審に思って、自分たちの子どもを行かせない、昔のプライベート・エデュケーションみたいな。元々イギリスのパブリックスクールって、家庭教師をつけて勉強させるのに対するパブリックスクールという概念ですよね、私立学校というより。

奥田　手厚くケアされていない人のためにパブリックスクール。

茂木　連邦最高裁の判決で、自分の子どもを自分の好きなように教育するのは権利として認められていて、しかも、州によってはそのホームスクーリングをやる親に対して援助をしなければいけません。公的な学校に対する援助と同じように、ホームスクーリングをやっている人に対しては平等に援助しなければいけない。僕は思うのですが、今アメリカで色々なベンチャー企業ができていますね。例えば、フェイスブックのマーク・ザッカーバーグなんて、ほとんど彼はならず者だったわけで、自分の好きな女に振られたからって、学校のシステムに侵入して女の子の写真いっぱいとってきちゃって、どっちがかわいいっていうサイトをつくったのが元々です。日本だと恐らく退学になって、社会的に追放されてしまうと思うんですけど。でも、そういう人が出てくる背景として、アメリカのカルチャーでは、生き方の多様性を認めていて、それが権利としても認められている。また中国に行くと、皆自分の主張を非常に明確に言いますね、意外と。中央政府はああいうふうに一党独裁ですけど、一人ひとり違うことが前提なので。日本は普通という幻想があるので、いつも皆が、この時代には何が普通なのかということに、すごく気を遣っています。それに合ったことを言おうというような、何か妙な空気があって、それが不登校の子を苦しませているのではないでしょうか。

▼国に依存する危うさ

奥田　中国の人たちは何が違うかというと、国家権力もしくは公に対する感覚が全然日本人とは違うと思います。中国人は国家というものをあまり信用していないのではないか。日本人は、悪い意味で、公的なものとか国家に対して不思議なくらい信頼を置いている。私はホームレス支援とかずっとしてきて思うけど、悪いけど国家はそれほど優しくないし、ものすごいパワーバランスで動いている。日本人は、こんなわけのわからない政府なのに、まだどこか信じて待っているという感じです。この辺の違いは何でしょうか。

茂木　僕は、日本は失敗国家だと自分の中では結論がついています。ある意味では、ホームレスの人たちの姿は我々の未来だと感じられてならない。物質的な困窮とかそういう問題ではなくて、信頼すべきホームとしての国家がもうないということです。中国は言論統制が批判されていますが、国家との予定調和がありません。中国共産党員は全国民の二十人弱に一人しかいなくて、その中でも一部分しか国政には関わらないから、ほとんどの国民というか中国人は、国家というのは上にあって勝手に色々なことをやってくるんだけど、邪魔をされないように自分たちで生活を守り、リスクをヘッジします。要するに距離感が全然違う。僕は何となく、これからの日本人は国家とは関係なく自分の生活を守ることを少しずつやっていかないと、立ちゆかない時代になっていくと思います。

奥田　そうできればいいですけど、社会の危機のせいで一層強大な権力に依存することにならないか心配です。茂木さんが言うようなリヴァイアサンに全権委任していくような方に向いてしまったら困ります。

茂木　そういうものを求めるみたいな。

奥田　寄らば大樹の陰で、身を委《ゆだ》ねていくような流れになりかねない気がします。より強権的な国家が出てくるというような一抹の不安があります。そこに全権委任しちゃうようなことになったら怖い。空気を読みすぎ、「普通」という幻想に身を委ねて安心する。つまり、一人になれないという主体の弱さ、あるいは「皆違っていいじゃないか」と言えないという現実が、結果的に全体主義的なものを生み出すと思います。

茂木　どの国家も病の総量は一定のような気がするんです。例えば、僕がアメリカの大学で講演したとき、オサマ・ビン・ラディンをオバマ大統領が殺害したという話を少し批判的な文脈でしたら、アメリカ人が立ち上がって、「ビン・ラディンは悪い奴だったろ？違うか？」とか言うんですよ。アメリカ人というのは、いいところも沢山ありますが、自分たちの正義を疑わないところがある。悪がいたら、それはどんな手段を使っても叩き潰していいと。だから、例えば、原爆を落としたことについても一切反省しない。もしあれを反省しちゃったらアメリカ人ではなくなる。これは完全に病ですよね。中国人にはもちろん中国人の病があって、やはり中華思想というか、自分たちのやり方が世界の中心だと思っているというか、あまり周辺の文化の多様性についてのリスペクトがない。例えば、よく言う中国人の反論というのは、京都とかには行く必要ない、あんなのより中国の方がいいからって、実際には全然違う文化が発展しているのにそこを見ようとしないという病です。日本の病は、さっきから問題になっている、普通があるという思い込みだとか、空気を読むという思い込みで、これが例えば、自動車をつくるとかそういうことについては非常にうまく機能したんですけど、日本の教育システムが、インターネットとかグローバル化のもとでは全く機能しなくなってしまっています。今まで強みだったことが弱みになっていて、そこが今、日本人をすごく不安にさせているところだと思う。だから、ホームレス問題とか、不登校問題とか、あと非正規雇用の問題というのは、全部つながっている問題です。そういう意味では、日本人の病になっています。一万人に一人とか千人に一人ぐらい奥田さんのようにリベラルに考える人がいるとしても、本当に今の日本の親は、とにかく正解の普通のルートがあって、そこに何とか自分の子どもを押し込めようと、それに血眼になっている社会です。恐ろしいことですね。

奥田　一番恐ろしいのは、じゃあ、そう信じて必死になって普通を求めて突っ走ったとして、その先には本当に安心できる受け皿があるかということです。ないと思います。出口のない高速道路みたいなものに皆必死になって乗ろうとしている。

茂木　殺到しているし、渋滞を起こしていますね。

▼出口のない高速道路

奥田　私は一九九五年あたりから日本社会は急速に崩れていったと思います。国際競争力などが声高にいわれ、自由主義路線へと突き進んだ。規制緩和が進み自由になったという割には、若者の選択肢は狭まっていった。フリーターになって、結局三十五歳を過ぎてしまうとフリーターとも呼ばれない。フリーター対策の対象者からも外されます。

茂木 そうなんですか？

奥田 厚生労働省は十五～三十四歳で学生以外の男性と未婚女性をフリーターとしています。誰が決めた基準か知りませんが。

茂木 三十五歳過ぎてもフリーターはいるでしょう。

奥田 三十四歳を越えると単なる失業者かアルバイターでしょうか？　現在非正規雇用率は労働人口の三五％、十五～二十四歳の労働人口では五〇％に迫っています。だから、正規雇用という小さくなった入り口に皆が殺到しますが、入れる人は限られている。入れなかった人は、入れなかった、つまり普通になれなかったというレッテルを自ら貼《は》らざるを得ない。しかも、たとえ入り口に潜り込めてもそれで幸せかどうかはわかりません。高速道路に乗るのはいいけど、大渋滞だし、途中で降りられない。そう考えると、最初から入り口に行かなかった人たちが、別の道路をつくれるかどうかが勝負となります。そこで、オルタナティヴなものが出てきたらよいのですが。

茂木　本当にそうだと思います。そういう意味でいうと、奥田さんがすごいと思うのは、北九州ホームレス支援機構では、そういうオルタナティヴな雇用をつくっていますね。

奥田　まあ、そうですね。

茂木　すごいことだと思う。僕は若者と喋っていて、公務員でも何でも既にあるパイを目指すという若者しかほとんどいないのです。僕はそれを「いいことだね」とは絶対心の中で言えなくて。それって限られたポジションで、そこを君は目指すとして、行けない奴もいると。だからパイ自体を増やすことが、すごく重大です。日本の社会で一番求められていることは、雇用を増やすイノベーションです。その知恵とイノベーションこそが求められているのに、相変わらず、メディアとか親とかの風潮というのは、もう既にあるポジションをどうやって自分の子どもに確保させるかに終始している。奥田さんが、ホームレスを経験している人は何か社会に対してできることがあるはずだと言いましたが、残念ながら今はそういう人が仕事をしてお金が回るシステムがないのです。

▼多様な価値観を

奥田　価値観自体の多様性を、どこで生み出すかだと思います。

茂木　そうですね。

奥田　戦後社会を支えてきた最も大きいものは企業社会だったと思います。終身雇用制や家族的経営といわれたシステムは、仕事のみならず、健康保険を含め社会保障の一翼を担っていました。これは社会に大きな安定を与えていたと思います。しかし、弊害もあったと思います。価値観が一本化してしまった。企業という単一の価値に生きた時代で、例えば自己紹介のとき、企業名と役職を言えばすんだ時代です。金銭的には多くの人々が満足していたと思います。一九八〇年代の総中流意識はそれを物語っている。しかし、現在の若者たちには、そのような安定した企業社会はありません。一部は残っているけれど、困窮青年になればなるほどそこには到達できない。これは不幸なことですが、もしかするとチャンスかもしれません。これまで企業社会の単一の価値に生きてきた年代が退職し、その後孤立死していくという事態を見ると、果たしてあの安定は何であったのかと思う。少々乱暴な意見ですが、生存権が公的扶助により守られ、非正規雇用においても人間性が担保されるということがあくまで前提ですけれど、現在の若者に課せられた流動性が、もしかするとこれまでにない価値観の多様性を生むかもしれないと思う。一つの仕事、一つの価値観に終わらない、多様な生き方を強いられている今の若者は、今の高齢世代とは違う老後を過ごすかもしれないと思う。

茂木　そうですね。

奥田　これまでは柔道でいうと一本勝ちということでしょうか。どの企業に就職するかで勝ち負けが決まっていました。しかし、現在多くの若者が一本勝負には出られない。柔道でいうと技あり二本で合わせて一本というところです。いや、二本どころか、三本、五本、十本を合わせて人生とする。良くも悪くもそんな時代になっています。でも、もしかすると「普通」ということが、消えていくのかもしれない。あれもあり、これもありというタフな時代になるかもしれないと思うのです。

(2) キリスト教の思想とホームレス支援

▼処女降誕をめぐって

茂木　僕はワーグナーの「パルジファル」というオペラが好きなんです。登場するクンドリという女性がマグダラのマリアを思わせます。色々な芸術家が聖母マリアとマグダラのマリアは同一人物であるという直感を持っていますね。これはキリスト者としては認めがたいのかもしれないけれども、その辺に何か人間性の真実があるような気もします。奥田さんは、処女降誕については、どう思われているのですか？

奥田　あれは聖書の誤訳です。処女とは書いていません。面白い話ではありますが。

茂木　そういうことがあると信じるんですかね。

奥田　ロマンですね。信じてません。

茂木　そうなんですか。

奥田　処女降誕の歴史性に関してはわからないですよね。科学的にはあり得ない話ですし。「マタイによる福音書」を見ると最初にイエス・キリストの系図が出てきます。古代イスラエル民族の族長であり始祖とされるアブラハムからの系図です。最後にその子孫であるヨセフの妻となったマリアより生まれるとあります。でも処女降誕ですから、実際にはこの系図、つまり夫であるヨセフの系図とイエスがつながっていません。信仰の父アブラハムの末裔《まつえい》だということを脈々と書いてくるのですが、最後にヨセフと一緒になる前に、妻マリアは聖霊によって身ごもったというのです。だったらこの系図は何だということになる。ここが面白いところです。人間の歴史の中に神の歴史が介入してきているということであれば、聖霊による受胎は意味があります。

茂木　とても面白いですね。

奥田　私は、クリスマスにおける一番の奇跡は処女降誕ではないと思っています。これはホームレス支援をやっている中で聖書を読んできたので、強く感じることなのですが。奇跡というならば、マリアのいいなずけであり、イエスの父になるヨセフの方だと思います。当時のユダヤ教の社会では婚約したら結婚したのと同じ意味を持ちました。婚約中に子どもができ、しかもヨセフには覚えのない妊娠だったとすると、それはマリアの不貞ということになります。当時姦淫《かんいん》は死罪に値します。姦淫を犯した女は自分の父親の家の前で死ぬまで石を投げられて殺されます。聖書の他の箇所で姦淫の場で捕まった女が登場しますが、その際にイエスが罪なき者がまず石を投げるがよいと言われたのは有名です。「マタイによる福音書」の降誕物語では、ヨセフはマリアが身ごもったのを知ると、「正しい人であったので、彼女のことが公けになることを好まず、ひそかに離縁しようと決心した」と聖書にあります。多くの聖書学者は、もしこのうえ婚約状況を続けていたら、マリアは姦淫罪で死刑になりかねないので、だからヨセフがひそかに縁を切ろうとしたと、まるでそれがヨセフの愛情であるかのように解釈します。そんな解釈をするのは男の神学者か牧師でしょう。男の立場に立った解釈ですが、マリアにとっては絶望的な場面です。マリアはそもそも身に覚えがないわけですから。

茂木　なるほど。

奥田　私はそれをヨセフの愛情だとは思いません。ヨセフは土壇場で逃げようとしたのだと思います。マリア自身もわけがわからない状態であるにもかかわらず、ヨセフは縁を切ろうとした。しかも、「ひそかに」というのがいやらしい。世の中「正しい人」というのが一番危ない。戦争している大統領は大体自分が正しいと言っている。ホームレス支援の現場で一番の課題、問題は「縁切り」であり、その結果「ホームレス」、つまり無縁者になるということです。このままではマリアはホームレスになる。しかし、そうはならない。

ヨセフの夢に天使が現れて、心配しないでマリアを妻として迎え入れろと迫るわけです。そして、生まれた子どもをイエスと名づけろと言います。この子は、民の救い主になるというのです。このことは、「見よ、おとめがみごもって男の子を産むであろう。その名はインマヌエルと呼ばれるであろう」という古《いにしえ》の預言が成就したことになるのです。インマヌエルは「神われらと共にいます」という意味です。救い主は、共にいる神と呼ばれる。イエスによってもたらされる救いは「共にいる」ということそのものでした。夫ヨセフは翌朝目が覚めるとマリアを妻として迎えたと書いてあります。これは縁が切れようとしていた、若いカップルがもう一度関係・縁を取り戻すという物語です。ホームの創造といっていい。

茂木　奥田さんの解釈ではそうなるのですね。

奥田　ええ。縁を切られていく人たちとどう関係を結んでいくのかというのが、私の闘いだったので。だから、私はクリスマスの奇跡は、ヨセフがマリアを引き受けたことだと思います。ヨセフには縁を切る理由はあったわけです。自分とは関係のない子どもを宿しているのですから。でも、ヨセフは承知のうえで引き受けた。これがクリスマス最大の奇跡ではないかと思うのです。「ヨセフ！　えらい！」と言ってやりたい。しかしヨセフもマリアも多分、その後周囲からは色々と言われたと思います。例えば、誰の子かわからない子を引き受けて育てているヨセフは馬鹿だとか。しかし、絆とはそんな傷をも引き受けることです。リスク回避の時代、傷つくことを恐れ安心安全に走る私たちにとって、ヨセフの存在は処女降誕以上の奇跡です。

茂木　そうか。今の話はとても面白くて、僕もヨセフはえらい奴だったと思います。僕は小学校のときに『赤毛のアン』という小説を読んですごく感銘を受けて、でも惹きつけられる理由は後になってわかりました。『赤毛のアン』では、老いた兄妹が男の子がほしいと言って、孤児院から子どもが来るのですが、来ちゃったのが女の子のアンなんですよね。元々は農場の手伝いをしてもらいたいと思って男の子を呼んだから、彼らにとって必要な人ではなかった。でも兄のマシュウが、私たちにとって誰が必要かではなくて、私たちが必要な人になれるかと考えればいいじゃないかと言う。それは要するに、自分たちに与えられた運命というものを、そのまま受け入れるということです。僕はこれはすごいことだなとあらためて思いました。

エルマンノ・オルミ監督の『木靴の樹』というイタリアの映画で、若いカップルが新婚旅行に行くのですが、旅行先が修道院で、そこで結婚プレゼントとして与えられるのが捨てられた赤ちゃんなのです。修道院から養育費などは支給されますが、結婚してこれから子どもをつくろうというのに、いきなり孤児を与えられるわけです。

奥田　託されるんですね。

茂木　これが恵みですと言って。そういうのを見ていると、キリスト教の精神の中に、自分に、何の脈絡もなくいきなり与えられたものを引き受けて育《はぐく》むというものがあると感じます。きっと、その原型がヨセフの態度にあるのかなと思うのです。それは奥田さんの今の活動ともすごく結びついていますね。

奥田　その映画の話はとても面白いですね。人生は自分で築き上げていく面が当然ありますが、向こうからやってくるものを引き受けるという面があります。もし向こうから来ないと、どうしても自分からは次の一歩が踏み出せないときがあると思います。

▼自らの存在理由を問う

茂木　イエス・キリストを仮に自然人として見た場合、自分の父親が誰なのかがわからないということが、恐らくその精神の発達に非常に大きな影響を与えたはずです。僕はキリストが神の子であるかどうかはわかりませんが、非常に優れた人間だったとは思います。宗教的天才というのは、なかなか出ません。ではなぜキリストが宗教的な天才になったのかというと、やはり自分の出自に関する根源的な疑問があったからではないでしょうか。お母さんはマリアだけれども、ヨセフの子どもじゃないんだから、お父さんは誰なんだろうという問いがあったはずで、僕は近代科学的な合理主義者なので、「俺の父親は天の神なんだ」という妄想というか幻想を抱くようになった可能性があるのではと思います。幻想と現実の区別自体、よくわからないわけであって、そのあたりがキリストのその成育史にすごく大きな影響を与えているのではないか。

そういう意味においてもやはりキリスト教というのは、社会の中で地位が与えられて確立して、安心し切っている人のための宗教ではないと思うのです。まさにホームレスの人たちみたいに、位置がわからず、俺は何なんだろう、俺は何のために生きているんだろうと問い続けている人のための宗教だと僕は思います。だから、その二つの意味でクリスマスの奇跡というのは、興味深いのです。

奥田　今のイエスの解釈は面白いですね。茂木さんが言うように、人間の都合ではままならない現実を背負う中で宗教というものは生まれると思います。一般の宗教観からすれば、誓願成就が宗教の役割ですが、それでは結局人間中心であり、自己実現です。キリスト教はそうではない。十九世紀の終わりから二十世紀の初頭にかけて、自由主義神学という近代合理主義の神学が流行りました。キリスト教も一気に歴史的な聖書研究が進みました。しかし、第一次世界大戦を経てこのような人間中心主義の危うさが露呈します。いわば科学万能主義的な楽観的な立場や合理主義では人間絶対主義へと陥り危ないと認識した人々が、神の自己啓示によってのみ、人は神を認識できるという神学運動を興す。弁証法神学や危機神学などと呼ばれた神学運動ですが、それは人間の側に信仰の成立根拠を認めないという、徹底した人間の相対化を主眼としたものでした。

クリスマスになると、町中にロマンチックなイルミネーションがあって、クリスマスプレゼントを贈ってという感じですが、でも聖書に書いてあるクリスマスというのは、そんなロマンチックなものは一つもない。例えば「ルカによる福音書」では、馬小屋とは書いていませんが、マリアは月が満ちて子を産み、飼い葉おけに寝かせたと書いている。飼い葉おけがあったのだから馬小屋だったということになるのですが、大事なのはその後に書いてある言葉で、「客間には彼らのいる余地がなかった」という一言です。しかし、これは場所の問題ではなく、身重の妻とその夫の面倒を見る人が誰もいなかったということです。冷たい社会がそこにはあったわけです。イエスは、救い主であるにもかかわらず、居場所がなかった。いや、居場所がなく、馬小屋に追いやられた人が救い主である、もしくはそのような境遇の人として救い主は誕生したと読めると思います。彼らは追い出された者たちだったというのが、「ルカによる福音書」のイエスの生涯のスタートなのです。

茂木　結びつきますね。

奥田　そうです。「マタイによる福音書」では、母の胎内にいたときに、まさに縁を切られようとしていました。居場所がないというのは共通しています。さらに、新しい王の誕生を現役の王であるヘロデが知ってしまいます。東方の博士というのが登場するのですが、彼らは「ユダヤ人の王としてお生れになったかたは、どこにおられますか」と、よりによって現役の王に尋ねます。自分の地位が危ないと感じたヘロデ大王は、救い主が生まれると預言されていたベツレヘム一帯の二歳以下の男の子を虐殺します。母親たちは子どもがもはやいないので泣き、叫び、慰められることも願わないという絶望が支配します。これが事実だとすれば、イエスは居場所がなく、両親が自分のことで縁を切りかけ、ヨセフの子でないと差別され、おまけに自分のために無実の子どもが虐殺されたという十字架を生まれたときから実は背負わされていた。この重荷を彼は生涯にわたって持っていたと思います。

茂木　そうですね。

奥田　東日本大震災の場合も、被災地においての深い苦しみは、自責の念でした。家族を助けてやれなかった、遺体が見つからず弔ってやることもできないと、自分を責める感情にさいなまれ、ついには自分が生き残ってよいのかという問いさえ抱く。いわゆるサバイバーズギルトです。私はイエスの中にもそういう問いがずっとあったのではないかと思います。神の子だったかどうかは別としても、イエスは生まれたときから、何かを背負っていた。出自の問題を抱えていた。そんな中で、人間が生きるうえで何が本当に必要なのかということを問うたし、自分は何のために生きるのかを自問したと思う。だからこそ、非常に自由に考えることができたのかもしれません。

茂木　今でも宗教はよく出現していますよね、新興宗教みたいなのが。僕は宗教家の絶対的な条件というものがある気がします。教祖になる人の条件です。

奥田　どういうものだと思うのですか？

茂木　賢いことを言ったりとか、もっともらしい教訓を言うだけでは足りないと思います。聖書にもありますが、教祖になるための絶対条件というのは、奇跡を起こすことです。僕だって、奥田さんがこの場で奇跡を起こしたら、奥田教に入るかもしれない。

奥田　「とーもだち！」、20世紀少年だ。

茂木　うん。少なくとも奇跡をこの人は本当に起こせるのではないかと信じさせられる人でないと、僕は宗教は始められないと思います。どんなにもっともらしいことを言ってもだめではないか。では奇跡を起こす人とはどういう人なのか？　例えば、霊能者といわれる人がいて、それを信じている人が大勢いますね。僕は、霊能者といわれる人に何人も会っていますけど、残念ながら僕の部屋の様子を透視するとか、そういう奇跡を目の当たりにしたことは一度もありません。僕はもちろん近代合理主義の人間として言っているわけですが、イエス・キリスト的なスケール感のある人はいない。ただ、僕が思うに、彼らに共通しているのは、本人が非常に傷ついているように思われることです。奇跡を起こすかどうかは別として、どうもカリスマ性の必要条件とは、本人がものすごく傷ついていることであるような気がします。

▼傷ついた者が救う

茂木　子どものときからずっと予定調和的な秀才として育ってきた人には、カリスマ性が全くない。人間の生きる力というのはすさまじくて、その人の人生が過酷であればあるほど、何か底光りする生命力というのが出てきて、それが人々がその人についていきたいと思わせる何かにつながっていきます。聖書に、キリストがガリラヤ湖を渡って向こう岸に行くと、群衆がその後をついていったという話がありますが、新しいものが出るときって、そういうものではないか。既存の社会秩序を重視する立場からすると、危ない連中に見えるのでしょうけど。ナザレのイエスという人間の周りに人々が集まって。

奥田　そう、既存の社会からは危ない奴と思われた。

茂木　うん。でも、ものすごく魅力的な人だったんだろうと思うんですよね、キリストって。その魅力をつくっているのは、キリストが出自の問題も含めてすごく傷ついた人だったということだと思ったのです。

奥田　それこそが十字架の宗教であるキリスト教の核心だと思います。人は、単純な願いとしては試練ではなく幸福を望みます。「主の祈り」の中にも「我らをこころみにあわせず、悪より救い出《いだ》したまえ」という言葉があります。試練に遭いたくないというのは、人間誰しも持つ願いです。しかし、キリスト教最大のメッセージは十字架に架けられた人が救い主であったこと。十字架が復活のいのちの始まりであることです。でも、傷ついて十年以上部屋から出られない子どももいます。また、確かに茂木さんが言う通り、悲しみや苦しみからしか得ることができないことがあります。この違いは一体何でしょうか。

茂木　そうですね。

奥田　見捨てられた者が復活するということは、いのちが長らえるということではない。イエスと出会うということは、昔の村には戻らないということです。見捨てられた者たちの骨を拾って、それを骨格にして新しい家を建てるということだと思っています。「かわいい子には旅をさせよ」という希望と、下手をすれば「旅先で死ぬ」ということがある。そう考えると「旅に出したくない」というのが親心です。私は、野宿のおじさんたちに、野宿の経験を活かしてほしいと思っています。でも中には二度と思い出したくないという人もいる。一方でその経験を活かして誰かの助けになろうと思える人もいます。また、路上で死んだ人も大勢います。その違いは一体何だろうと思います。イエスがたまたま、あ

茂木 あなっていったのはなぜかと。

茂木 僕の考えでは、それが才能というか、個性なのだろうと思います。

▼キリスト教に感応する部分

茂木 日本ではキリスト者が一%といわれますが、僕の印象では正確な数字ではないように思っています。

奥田 実際には一%以下ですね。

茂木 江戸時代末期、長崎の大浦《おおうら》天主堂にいた宣教師のもとに信者たちが訪ねてくるという一件があり、江戸時代の二百数十年の弾圧の間ずっと隠れて信仰を守り継いできた人た

ちがいたと、カトリック世界に大きな衝撃を与えたことがありました。日本人の文化的な受容度の中に、決してキリスト教に感応する部分がないわけではないと思います。やはりキリスト教は、虐げられた人というか、たまたま差別された人たちのための宗教であったという側面が強いと思うので。天草四郎《あまくさしろう》の乱などもありましたが、徹底的に弾圧された。その中で聖母観音みたいな形で一見、仏教信仰みたいに見せかける形で隠れキリシタンの信仰が出てきました。そういう意味でいうと、世界遺産になってもおかしくない。隠れキリシタンの遺跡というのは、人類の普遍的な価値が非常に証明しやすいですし。

奥田　そうですね。私もキリシタンの魔鏡を見たことがあります。

茂木　僕は近代合理主義者なので別にどの宗教ということもない。でも色々な宗教の勧誘を受けたりとか、話を聞きにいったりなどしていました。小林秀雄のお母さんも天理教だったらしいですが、僕の田舎の九州には大きな天理教の教会があって、天理教の機関誌とか毎月読んでいました。あと福音自由教会の女の子に誘われて、教会に行っていたこともありました。福音自由教会というのはプロテスタントですよね。

奥田　そうです。

茂木　僕は、日本人の中にキリスト教のコアの部分に感応する心性はあると思うのですが、そこにまだ届いてないという気もします。キリスト教というと、一般にはクリスマスのパーティやウェディングという認識しかないでしょう。

奥田　残念ながらそうです。しかし、それは教会側にも問題があるのでしょう。

茂木　僕は別にキリスト教の布教に手を貸そうと思っているわけではないですけど、特にこういう大震災以降の状況においては、キリスト教の信者になるというより、その思想によって心が救われる人は沢山いると思います。

奥田　そうかもしれません。

茂木　色々な宗教の人がいていい。困った人を助けたいというのは、普遍的な人間の思いで、宗教を超えています。そこに至る道は色々あるでしょう。ただ、僕は奥田さんがしている活動を見ると、今議論しているようなキリスト教の精神が、やはり非常に強いバックボーンとして存在しているように思います。キリスト教というと、「ああ、これはキリスト教に関することだね」と、それ以上見ない人が多いのですが、それですませられるものではない。実質において考えていけば、例えば親鸞の仏教思想なんかとも実はつながるところがありますし。そういう意味で、日本人のこれからの生き方を支えるうえでは、キリスト教の思想は非常に大きな意味を持っている。オスカー・ワイルドの『獄中記』を読むと、時代の寵児《ちょうじ》だったオスカー・ワイルドが逮捕されて、見せしめにされ、辱めを受けて、獄中で彼はずっと自分の恋人だった男の人に手紙を書くのですが、その過程でワイルドはキリストの本質に到達するんですね。『獄中記』は、実はキリストについての考察です。僕は、キリスト教の日本における受容史は、まだまだ途上のような気がしています。

奥田　キリスト教の側が、茂木さんが言うようなキリスト教の本質からずれてきている面もあるかもしれません。宗教化しているというか、十字架を忘れて栄光に走っているというか。御利益的や、自己実現的になってしまうと、おかしくなってきますね。

茂木　え？　そんなふうになっていますか？　そんなことはないのでは？

奥田　いや、私は一部ではそういう傾向も生じている気がします。御利益といっても、怪しい宗教のように金儲《かねもう》けということではありませんが、一言でいうと自分の幸せのための信仰というような感じでしょうか。

▼主語の違いが生み出すもの

奥田　私が思うに、宗教の本質というのは、主語の違いにあると思います。つまり「私」という主語で語るのか、「神」という主語で語るのかという差が非常に大きい。私は、悪《あ》しき宗教性というのは、ほとんど「私」という主語で語っていると思います。本来宗教というのは〝私〟というのを一旦ちょっと脇《わき》に置いて、神は何を求めているのかとか、神は何をさせようとしているのかと問うものです。主語の転換が図られないと、本来宗教が持っている人間に対する相対化が発揮できない。どんどん人間が絶対化していって、自己実現するためとか、自己保存するためなどになってしまいます。自己正当化が目的ならば、もはやそれは宗教ではなく、自分教です。

茂木　そうですね。

奥田　私ではなく、〝神〟が自分に対して何を言おうとしているのかを考えたらよいと思います。そういう主語の転換が大事だと思うのです。人間には他者が必要です。宗教は人間にとって〝他者性〟の原点です。先ほどの弁証法神学を提唱したカール・バルトという神学者は、神の存在を〝絶対他者〟とすることによって、十九世紀型の人間中心の神認識を否定し、同時に人間を絶対化の呪縛から自由にしたと思います。ユダヤ人の精神科医のヴィクトール・フランクルも同じような転換について語っています。

茂木　『夜と霧』ですね。

奥田　フランクルはオーストリアで医師をしていましたが、ナチスによって家族ともども強制収容所に送られました。『夜と霧』は、そのときの体験を描いたものですが、クリスマスになったら解放されるという希望を皆が抱いていたが、実際にはクリスマスに解放されずに、次々と人が死んでいった。精神科医だったフランクルもその中で苦しむのですが、彼はその絶望の中で問いを変えるのです。フランクルは収容所の中で、「私はもはや人生から期待すべき何ものも持っていない」（霜山徳爾訳、みすず書房、一九七一年）という現実に直面します。しかし、彼は、生命の意味についての問いの観点変更が必要だと気づきます。つまり「人生から何をわれわれはまだ期待できるかが問題なのではなくて、むしろ人生が何をわれわれから期待しているかが問題なのである」（同前）と気づき、この問いの変更の中で彼は生還した。私はこれが宗教だと思います。フランクルはユダヤ人ですから、ユダヤ教の影響が強いと思いますが、この問いの変更が宗教の本質です。「人生は私に」には、「神は私に」と同義でしょうから。私だけを見つめていたら死ぬということです。

茂木　わかります。

奥田　ＮＨＫの「プロフェッショナル」の最後の場面で「プロフェッショナルとは？」と問われ答えるという場面がありましたが、「すみません、私、アマチュアですけれども」と言ってしまい、撮り直しになったことがありました（笑）。そのとき私は、プロとは「使命という風が吹いたときに、それに身をゆだねることができる人」「そのときに、自分の思いとか考えとか、都合とか好き嫌いというものをやっぱり一部断念することができる人」と答えていますが、それは、主語の変化、あるいはフランクルの問いの転換に関わることだと思います。そもそも〝使命〟と〝夢〟は違います。夢の主語は「私」であって、自分の計画を実現するためにチャレンジしていくことです。それも大事ですが、それを超えるもの、相対化させるものを現代人は持たねばならない。使命とは「やれ」と言われて、えいや！　とやる、そんな感じです。

茂木　一方的に与えられる。

奥田　そういう場面が人生にあっていいと思います。結局〝私〟という主語だけで生きているから、皆しんどくなってしまう。実存主義者にとっての絶望する日とはいつかというと、それは〝私〟が絶望した日です。しかし、そんな単純な話でいいのでしょうか。例えば、〝私〟は自信ないけれども、「茂木さんが言ってくれるんだったら、やってみよう」ということがあっていい。茂木さんがそう言ってくれるのだったら、「俺もうちょっと頑張ってみようかな」と。それが他者性というものでしょう。信仰の世界というのはまさにそういうものです。自分は絶望しているのだけれど、神様が、あるいは聖書が「光はある」と言うんだったら生きてみようかということです。けれども、一般に我々は、この主語の転換がない社会に生きていて、どこまでいっても〝私〟とか〝私たち〟とか、全て一人称で話しています。「我が国」とか「我が町」とか。本当にそれでよいのかなと思います。

茂木　そうですね。

奥田　一旦「私」ということを脇に置くことが大事です。聖書は神の前に生きる人間がテーマですから、人間は常に相対化されます。「鼻から息の出入りする人」に何の価値があるかとか、「土のちり」から人をつくったとか。「わたしは虫であって、人ではない」というのもあります。

茂木　そうなんですね。

奥田　徹底して自分を卑下して捉えている。資本主義の世の中は、いわば「持った者勝ち」の世界です。しかも、持っている奴はもっと持つようになるという原理です。皆持つことに必死になっている。聖書にも「持っている人は与えられて、いよいよ豊かになるが、持っていない人は、持っているものまでも取り上げられるであろう」とあります。でも、キリスト教の本質というのは「手放す」ことです。あるいは自分以外のものに「委ねる」ことです。それが私は本来の宗教だと思う。私の好きな聖書の言葉に「あなたのパンを水の上に投げよ、多くの日の後、あなたはそれを得るからである」（「伝道の書」）という言葉があります。自分が後生大事に持っている今日の食いぶちを、ぽんと水の上に投げ捨てろという。そうしたら後日それを見出すからと。イエスは十字架に架けられた神、いわば見捨てられた神です。イエスの十字架上の最後の言葉は「エロイ、エロイ、ラマ、サバクタニ」、つまり「わが神、わが神、どうしてわたしをお見捨てになったのですか」でした。捨てられたというところに、新しい復活のいのちが宿ります。しかし、キリスト教もいつの間にかもっとほしい、もっと持ちたいと思うようになった。結局持ちすぎて手放したくないから両手がふさがっていて、それ以上誰の手も握れない、出会えないという状態になってしまっていると感じます。

茂木　うーむ。

奥田　もっと豊かになりたいというのはわかるし、豊かになることは悪いことではない。でも、豊かになるために一旦パンを水の上に投げることをどこで獲得するのかというのが問題です。宗教に期待したいですが、御利益に走った宗教は手放すことができません。

茂木　そういう宗教もあるかもしれませんね。

奥田　東日本大震災で大変な事態になりました。でもこれで本当に全てが終わったと思わざるを得ないとしても、なお私には期待があります。キリスト教はまさにゼロから始まります。教祖が死んだ、イエスが死んだというところから新しいいのちが始まったということを、私たちは信じています。だから、日本の社会がどう新しくなるかを期待しているのです。

▼キリスト教神学のバックボーン

茂木　僕は、神学はもっと注目されていいと思います。佐藤優《まさる》さんの本を読んでいると、外交官になってロシアに行ったとき神学が役に立ったと言っています。ペレストロイカで最後にはソ連邦解体に至る時代の激変期に神学の知識が非常に役に立ったと。彼もカール・バルトなどをよく引用しますね。僕はまだそのロジックを完璧に理解しているわけではないのですが、中南米における「解放の神学」だとか、社会変革を志すときのある種のバックボーンとして、神学の体系を持っている人は強いという気がする。奥田さんもそうですよね。殺人行政とか言いながら。

奥田　そうでしょうか。

茂木　でも現実にそれをしてきたし、実行している。この強さとは何なのか。東日本大震災への対応も、ものすごく早かった。僕は実際に奥田さんの北九州の現場に行って、これは大変なことだと思いました。実際にされていることの大変さを肌で感じました。

奥田　実際大変です。色々協力していただいて、本当にありがとうございます。

茂木　ホームレスの支援ということになると、お父さんが内閣府の書記官だったようなえらい人のあるお嬢さんを思い出します。僕が会ったときには、もう六十過ぎていらしたのですが、ずっと上野公園で炊き出しをやっていました。寒い中を、当たり前のように「炊き出しに行くのよ」って。その強さとは何なのかと考えたときに、やはりトータルの一つの世界観としての神学的な血の強みというのを感じるんです。しかも、単に倫理的に強みを与えるということよりも、佐藤優さんの例で顕著なのですが、知的な意味でも興味深い問題が沢山あります。例えば、奥田さんが言う主語の転換もそうです。

奥田　そうですか。

茂木　僕は、日本を含む東洋の文明の限界というか、近代科学へといかなかった理由が、それに関係しているように思う。色々な人が語り尽くしていると思いますが、一神教の世界観だと、神を自然法則と結びつけて考えたときに、理神論にすぐいくことができる。機械仕掛けの宇宙が展開していって、その法則とは何かという形でニュートン力学が出てくる。中国が色々なことを発明しながら、近代科学には至らなかったのは、そういうバックボーンがなかったからだという気がします。しかも、それは未だにないと思う。中国は、

劉　暁波《りゅうぎょうは》や艾　未　未《アイウエイウエイ》を投獄・拘束しましたけれども、そのときやはり我々の安定のために、秩序を維持するためにという論理ですね。主語が常に自分たちで、大澤真幸さん言うところの第三者の審級というのがないのです。

▼ボンヘッファーの影響

茂木　奥田さんは、ルター派の牧師、ディートリッヒ・ボンヘッファーの研究をしていたそうですが、その思想が自分に強みを与えていると思いますか？

奥田　ボンヘッファーがですか？

茂木　より普遍的にキリスト教神学といってもいいですけど。

奥田　そうですね。やはり、考えている背景は全部聖書であり、ある意味ではボンヘッファーです。私はボンヘッファーが好きで、先に述べた悪と悪との間の選択という概念も彼からのものです。

茂木　彼は貴族でしたっけ？

奥田　貴族ではありませんが、父親は精神科医でエリート一家です。彼は二十一歳で神学博士となった秀才です。ボンヘッファーが有名なのは、ナチズムに抵抗し、こともあろうに牧師の彼がヒトラー暗殺計画に加わったからでした。ドイツの中には元々のドイツにあった国軍と、ヒトラーがつくった軍隊とがあって、国軍の中にはヒトラーの存在を承認していなかった抵抗勢力が存在しました。その中にボンヘッファーの義理の兄がいて、彼と組んだわけです。ヒトラーを暗殺し、その後ボンヘッファーのキリスト世界、特に世界の教会との関わりを通じて和平交渉をしようとしていたのです。暗殺計画といってもボンヘッファーが爆弾を仕掛けたりしたわけではありません。しかし、作戦は失敗、ボンヘッファーはその前に逮捕されてしまう。最後は獄中で過ごしています。獄中で今日の成人した世界の中における宗教とは何かということを書いていて、「神の前で、神と共に、僕たちは神なしに生きる」（『ボンヘッファー選集Ⅴ　抵抗と信従』倉松功・森平太訳、新教出版社、一九六四年）という印象的な言葉を遺《のこ》しています。このような彼の思想は「非宗教化」と呼ばれています。でも、私が学生時代にボンヘッファーに惹かれたのは、最初は彼がヒトラーに抵抗したという点でした。この行動力というか、実践に惹かれました。あのころの自分自身、どこか世界の悪と戦うのだというような気持ちがあって、レーガン来日阻止羽田闘争とか、三里塚闘争、山谷の金町闘争なんかに息を弾ませていました。

茂木　やっていたの？

奥田　ええ、三里塚でヘルメットかぶっていました、東峰団結小屋とか。渋谷駅で、隊列組んで座っていました。

茂木　その人が今、内閣府でも委員をしているって、面白いね（笑）。

奥田　よく逮捕されなかったと思います（笑）。最初はボンヘッファーをそういうふうに英雄視していたわけです。でも、読み込むに従って変わっていきました。戦後、彼の死後にボンヘッファーの周りにいた人たちが彼の逮捕前の姿を証言しています。ハンス・フォン・ドーナニーという義理の兄とボンヘッファーが語り合っているのですが、義理の兄が牧師であるボンヘッファーに尋ねるのです。「剣を持つ者はその剣にて滅ぶと聖書は書いている。我々は今、ヒトラーを暗殺しようとしているんだけれども、この言葉は今日の我々にあてはまるのか」と。ボンヘッファーは、この質問に対して「相手がヒトラーみたいな極悪人なんだから殺して当然だ」とは言わない。「この言葉は今日我々がやろうとしていることにも当然適用される」と答えるわけです。「私たちは私たちのやったことについて裁かれるであろう」と言うわけです。つまり、幾ら相手が悪だとしか言いようのない存在だとしても、だから殺していいという理屈はないということです。ボンヘッファーが書いた論文の中で、今日のキリスト教的倫理は、善と悪との間で選択するということは不可能であり、悪と悪との間に立って選択するしかないと言っています。彼にとって倫理とは責任のあるなしという認識ではなく、「私は全てのものに対して罪人である」という認識にまず立つことでした。私はボンヘッファー神学が信頼できると思ったのは、彼が自己を正当化しなかったからです。これが正義の戦争を推し進める大統領やテロリストとボンヘッファーの違いです。大統領やテロリストは自分の行為の正当性に立っていますから、罪の引き受けをしません。

でも一方で彼は、ヒトラー暗殺は悪だと言って何もしない人間でもなかったのです。彼はこんなことも書いています。当時の表現なので、ちょっと語弊がある表現ですが、もしある男が車を運転しながら町の中で人を次々にひき殺していったとしたら、私は牧師として何をすべきか。ひき殺された者たちの葬儀をするのが牧師の仕事であろうか。いや、違う。私はすぐに運転席に飛び乗って、その男を運転席から引きずりおろすのが牧師の仕事だと思うと。しかしそのうえでそれすらも悪だと言うんです。人間の行為である限りは、完全なる善など存在しない。悪と悪との間の選択だというわけです。

茂木　徹底していますね。

奥田　しかもこれは、程度の問題でもありません。よりリスクの少ない悪を選ぶという考え方もありますが、そうではありません。世界平和はすぐに達成できないので段階的に考えることは必要ですが、善悪は相対的な問題ではない。悪の少ない方を選びましょう、それが善ですとはならない。それだと最低限の戦争は仕方がないという肯定論、つまり正戦論につながる可能性が出てきます。だから、たとえ最低限の悪を選択したとしても、それは悪だという認識が非常に大事なのです。話が飛びますが、宗教的に見た場合に靖国神社がいびつだと私が思っている理由が、これに関連しています。つまり、そこでは戦死者が完全に善なる者、つまり英霊として祀《まつ》られてしまっていて、全的人間の受容になっていないと思うのです。本当に人を弔うというときには、その人のよいところも当然弔うけれども、その人の悪の部分も受容する。ホリスティックな人間として受容するというのが宗教の本来性です。その人の一部だけ引っ張り出して祀り上げてしまうやり方は、死者利用であり、人間を愚弄《ぐろう》しているように思います。

茂木　靖国神社の話でいうと、東京裁判で、要するに歴史観として正しいかという議論を抜きにして、いわゆるA級戦犯とされた人たちがたとえ人間として過ちを犯したとしても、そこを含めて弔うのが、本当の宗教だということですね。

奥田　ええ。しかしそうなると、英霊という言葉は通用しなくなるし、そういう意味で靖国神社が戦前果たしていた役割は担えないわけです。

茂木　日本だけではなくて、例えばアメリカの大統領が就任式で宣誓するときに、聖書に手を当てて"So help me God."と言うわけです。

奥田　ええ。

茂木　伝統的に戦勝祈願というのは宗教の役割でした。そういう点では、排除の論理というか、自分の利益を図るような人たちが神頼みという形で宗教を使ってきたという側面はどうしてもあります。しかし、その一方で寛容の精神を宗教が育んできたことも事実です。悪人でさえも受容するということです。

奥田　はい。例えば親鸞もそうですね。「善人なおもって往生をとぐ、いわんや悪人をや。

しかるを、世のひとつねにいわく、悪人なお往生す、いかにいわんや善人をやと」ですから。悪人が善人になったら救われるという律法主義ではありません。

茂木　そういう寛容さが今必要だと思います。

（3）生きる意味を問う

▼ベーシックサポートへ

茂木　僕は、お金がやはりとても重要な論点だと思います。僕は基本的にはベーシックインカム導入論者です。色々な考え方があると思うのですが、例えば、ある基準で福祉の窓口が生活保護の認定をするという制度をつくった途端に、恣意《しい》的な運用がどうしても生まれてしまいます。担当者の悪意でなくても、色々な理由で、なるべく認定しないようにしたりとかが起こる可能性があります。それに、生活保護を申請する人の心理的な負担などもある。羞恥《しゅうち》心から申請できない人もいるかもしれない。そういう社会的なコストはばかになりません。だから、技術的な問題はあるでしょうが、ベーシックインカムを導入して、一律百万円とか二百万円が自動的に全国民に支給されるとしてもよいのではないかと思います。それは、我々自然科学者の言葉だと、〝繰り込み〟ということなんです。朝永振一郎《ともながしんいちろう》さんの研究です。電子の質量を計算するときに無限大になってしまうのですが、繰り込んでゼロ点を再定義するとちゃんと電子の質量が計算できるというので、朝永さんはノーベル物理学賞をもらったのですが、要するに全体として繰り込むんですね。

奥田　あらかじめ繰り込んでおくということですか？

茂木　何も働かないでお金をもらえるのはおかしいという人がいるかもしれないけど、そうではない。普通何もしないとゼロ円となるのを、単に繰り込んで、年間例えば百五十万円として、その地点からそれぞれの才覚で稼ぐというのがよいのではないか。それを実現するにはものすごく時間がかかるし、現実には難しいかもしれませんけど。

奥田　そうですね、それは生存確保という観点からはよいと思いますが、それだけでいいのかという思いもあります。

茂木　もっとも、本質的な問題の一つは、お金が幸せや色々なものを買う手段になっていることです。だから、お金を稼ぐためにはいい会社に入らなくてはいけない、そのためにはいい大学に入らなくてはいけないとなってしまう。この構造自体に無理があって、それ以外のことが我々はできるようになってきているのではないかという気がしてならない。

奥田　まさにお金に支配されてきていますね。私は金がなくて本当に悲惨な状況に置かれた人をいっぱい見てきました。だから、お金がないということ、つまり生存が保障されないことは大問題です。しかし、一方で、それに支配されているのも非常に問題です。安心安全も金で買えると思ってしまうとか。金の切れ目が縁の切れ目ということにもなる。震災前にNHKの「日本の、これから」という番組にゲストで出ました。テーマは「無縁社会」。私は関係性や自尊感情、特に自己有用感が大事だという主旨の発言をしました。しかし、会場の一般参加者から「結局は金がないと関係などつくれない。友達と遊びにも行けない」という主旨の発言がありました。まあ、「結局、世の中金次第」という意見でした。

茂木　それ、若者ですか。

奥田　若者です。「金のない奴には誰もついてこない。金があったら皆ついてくる。だから、結局はまず金の問題をやらないと、どんないいことを言ってもだめだ」と。生放送だったので、そこで時間切れになりました。金の切れ目は縁の切れ目という話を肯定したまま終わってしまった印象でした。

茂木　生だったから仕方ないとはいえ、おかしな終わり方ですね。

奥田　そうですね。でも、彼の叫びは本当です。実際、貧困状態が社会参加の機会を奪っているのが現実です。子どもの貧困が問題になっていますが、貧困家庭で育つ子どもは明らかに教育の機会に格差があります。高校受験にしても、私学まで含めて選択できない。だから、彼の言う通り、金の切れ目が縁の切れ目であり、社会的孤立の入り口となります。しかし、一方でその逆もまた真なりです。支援の現場で「ホームレスになった理由」を尋ねます。最後の引き金は何であったか。第一は「仕事」にまつわることです。失業とか。しかし、少なくない答えとして「家族と別れた」とか「離婚した」ということを言う人がいます。つまり、縁が切れて孤立するとき、人は働く意欲をなくし、金とも切れる。縁の切れ目が金の切れ目というわけです。人は、誰かのため、家族のために働くという面がある。だから、金がないから無縁になる一方で、無縁になったから仕事ができなくなり、金がなくなったということもあるわけです。番組に出ていた青年の言うことは、その通りなんだけど、その逆もある。本当は番組内で言いたかったのですが。それに金と縁というのは、必ず一致するものじゃない。金で人間関係を壊した人も大勢いますし、必ずしも金を介さなくても人は出会える。金が縁を生むというような縛りが絶対的ではないということもホームレス支援の現場で見てきました。ベーシックインカムは、私も基本的には賛成ですが、ただ現金支給という前提はどうかと思います。

茂木　それは現実的な問題です。なかなか難しいですね。

奥田　そう。やはり金は怖いですよ。元々資本主義社会における福祉は余剰です。ある程度社会が儲かっているという前提があるときに福祉が成立するということで、絶対的なものになっていない。だから、今も生活保護抑制論が経済対策の中で語られるわけです。福祉や生存権が相対概念になってしまっている。だけど、憲法で保障される生存権に関わる社会保障などは必然的なものでなければなりません。ところが、生活保護は、これまで最後のセーフティネットでした。基本的に「困ったら助ける」です。しかも申請主義が原則。生活保護を受けるためには困らなければならないという逆転現象さえ起きています。典型的な事例ですが、かつて北九州市は、救急車で運ばれた搬送証明書がないとホームレス者への医療扶助をしないと言っていました。今は改善されましたが。ホームレスの人たちはかなり症状が悪化しないと医療を受けられない。元々は助けるはずの制度だったのに、最悪の事態にならないとセーフティネットが機能しない。ですから、例えば教育や医療についての制度的な保障、つまりその手前の日常におけるセーフティネットを高めないといけない。現金支給だけに目をやるのではなく、そのような制度全体を見直さないといけないと思います。

茂木　なるほど、わかりました。ベーシックサポートと言った方がいいのかな。

奥田　そうですね。ベーシックなサポートが必要です。お金を個人に渡すだけなら、結局自己責任論に留《とど》まります。生活保護も現金を支給して「あとは自分でやってください」という制度です。そこにベーシックなサポートや社会の仕組み、関わりが同時的に存在しないといけません。お金だけ渡すと手切れ金みたいで、社会側の責任はますます曖昧になります。

▼個人が余力を使う

茂木　学問的な文脈とは別に、僕はいつもすごく不思議だと素朴に思うのですが、東京でホームレスの人が歩いていて、ご飯が十分には食べられないわけですが、食べ物がないのかというといっぱいあるわけです。レストランなどではどんどん捨てているわけですし、コンビニだって賞味期限が切れたものを廃棄しているでしょう。では、そこで何がホームレスと食べ物を分けているかといったら、お金が手に入れられれば食べられるという気がします。でも、実はそこが本質ではないんですね。アマルティア・センによれば、お金ではなく「エンタイトルメント」だと。あるサービスや商品にアクセスする権利があることをエンタイトルメントというと思うのですが、その分布がいびつだということです。

奥田　そうですね。ヨーロッパでは早くからソーシャルエクスクルージョン、つまり社会的排除が問題になっていましたね。

茂木　ノーベル平和賞をもらったムハマド・ユヌスが、マイクロクレジットを始めたきっかけが僕にはすごく印象的でした。バングラデシュで飢饉《ききん》が起こって、人々が死んでいくのですが、食料が絶対的になくて死んでいくのではない。あるところにはあるのですが、お金がないから食べられなくて死んでいく状況を見て衝撃を受けて、彼はマイクロクレジットの研究を始める。同じ光景が実は東京でもあるわけです。

奥田　参加資格が剝奪《はくだつ》されているということが共通の基本構造ですね。長いことホームレスは、住所がないという理由で生活保護の申請さえ認められませんでした。まさに、平等であるはずの生存権保障の入り口、そのエンタイトルメントが剝奪されていたわけです。

茂木　例えば、家族だったら別にお金をとりませんね。「今日の朝ご飯は百円」などとは言わないから、子どもはお金がなくてもご飯を食べられる。自分の子どもなら食べられるけど、他の家の子どもだと食べられないのは、エンタイトルメントの問題であって、お金の問題ではない。社会での立場をどう認識し、どう助けの手を差し伸べていくかという関係性のネットワークの問題です。それをもっとよい形で構築できるだろうということを、恐らく奥田さんは言っているのですね。

奥田　そうですね。茂木さんが言うエンタイトルメントを、社会としても、個人としてもどのように確保するのかが課題でしょう。それがソーシャルインクルージョン、社会的包摂を生むことになるでしょうね。特に個人レベルでどれだけ包摂社会をつくることができるかは、大きな課題です。信楽《しがらき》で焼き物をやっていたアメリカ人の友人にホームレス支援のチャリティのために作品をつくってほしいと言ったことがあるんですが、「俺ももうぎりぎりやから、つくれない」と言ってきました。しかし、彼はこう言ったのです。「そのためだけにはできないけれど、しょっちゅう注文を受けているから、十個注文を受けたら十一個つくるわ。その分を奥田にやるから、お前はそれを売れ」と。そういうことが新しい包摂社会やエンタイトルメントの確保を下支えする考え方になるのではないか。自分で終わらせない。自分の範疇にどれだけ他人の参加領域をつくれるかが勝負です。

茂木　いいアイデアですね。

奥田　自分の生活に少し余力の部分をつくり、そこで人を助ける。社会全体が包摂型でホームレスまで含めて全員を排除しないという原則に立つこと。誰も制度から排除されない、食べられない人がいない社会をつくる。それは、国家の問題でもあるが、同時に我が家の問題でもある。自分の子どものために食事をつくるときに、一人前多くつくる。そこにもう一人のエンタイトルメントを確保するということが大切です。実際、我が家にはしょっちゅう居候がいて、全然知らないお兄ちゃんたちと子どもが一緒にご飯を食べるわけです。彼らのためだけにご飯をつくれと言われたらできませんが、我が家の子どもがいる中で、あと一人分追加するぐらいはできますよね。

茂木　子どものときに、「建前」と僕が育った埼玉では言っていたのですが、棟上げ式が終わった後に、上から色々なものをまくんです。

奥田　餅《もち》をまきますよね。

茂木　餅とかお金とか。今は見かけないですけど楽しかった。家を建てるのは物入りだし、繁栄しているということだと思いますが、その幸せの一部をご近所の方にお分けするということですよね。ああいう感じが最近なくなってしまった気がします。アメリカ北西部の沿岸にいた先住民だとポトラッチというのがあって、対立する部族同士が戦争するかわりにおごり合いをして、どれぐらい多くの食べ物などを供応できるかという争いをする習慣がありますが、現代社会の根本的な人間観が、人間は利己的なものだということを前提にできてしまっている気がします。資本主義社会で皆より高い収入を求めて頑張るみたいなのが問題です。

▼お金ではなく仕事を提供する

奥田　ベーシックサポートは、ベーシックインカムと対立するとは思っていません。ただ、現金給付で終わるか、それにサポートやさらなるチャンスがついているかということが問われます。生活保護は基本が現金給付ですが、特に若年困窮者については、現金というよりは、その分のケアつきの就労や訓練就労を提供するということもあっていいと思います。これは当然強制労働ということではありませんし、旧生活保護法のように労働意欲がないという理由で失格になるということでもありません。困窮状況の若者が望めば一〇〇％国が雇用し、働いた若者は生活保護＋αを労働対価として手に入れる。そういう選択肢があってもいい。現状の生活保護の最大の問題は、現金支給以外の選択肢が極端に少ない、流動性の低さです。

茂木　そこで、どういう仕事をつくるかという創意工夫が要るということですね。ホームレス支援だけ見ても、幾らでも仕事はありますね。

奥田　あります。しかも今は予算がないので公的な事業が縮小されている。例えば公園清

掃事業の清掃回数が減ったりしている。だから、仕事はつくれると思います。

茂木　コミュニケーション拒否というか、関わらないということなんですよ。仕事を与えるということは、関わり続けるということですから。

奥田　そうかもしれませんね。本来、仕事というのは関係そのものだと思います。私は生活保護を受けられれば一丁上がりという安易な支援活動はかなり前にやめました。生活保護だけではハウスレス問題は解決できても、ホームレス問題は解決できません。人間が生きる意味を共に見出すことにはなかなかならないわけです。

茂木　所眞理雄《ところまりお》さんという僕がいる研究所の会長が言っていたのですが、例えば郵便番号の読み取り装置みたいに職が減ってしまうイノベーションもありますが、逆に雇用を生み出すようなイノベーションを、社会全体が考えないといけません。奥田さんが言うように、生活保護で現金支給されて終わりというのではなく、仕事を与えるとか。それはマーケットメカニズムの中から出てきた仕事ではない。例えば、公園などの公的な空間の管理は典型的なコモンズの問題であって、お金をとれるものではないから適しています。働ける人たちに仕事を与えるには、そういう意味でのイノベーションが必要で、それで社会が変わっていくかもしれない。

奥田　若者たちに今必要なのは、当然現金であると同時に、自己有用意識や自己尊重意識であり、それを与えられるのは、現金ではない。労働そのものにおいて関係性が生まれていきます。例えば公園の清掃で散歩する人から言われるありがとうという言葉には、お金に換算できない価値がある。そういう形で、人間が生きる仕組みをつくらなければいけないのです。

茂木　そうか。ということはベーシックインカム論を、そこに結びつければいいんだ。

奥田　全くそうです。

茂木　ベーシックワークというかな。国からアサインされたことをして、ベーシックインカムをもらう形にしたら、リーズナブルですね。

奥田　ある友人は非正規雇用の問題が起こったときに、非正規雇用は一元化して国が雇用主になったらいいと言っていました。私は極論だと言いましたが、それも一理あると思った。非正規雇用が問題だといっても、終身雇用制に戻れるかといったら現実的には難しい。それに前にも言いましたが、非正規雇用が〝非人間的雇用〟になっていることが問題なんです。その非人間性の最たるものは不安定さなので、それを解消するには、安定的な非正規雇用というもの、うまく言えないが、そんなふうなことに挑戦すべきだと思います。これまで就労か社会扶助かという二者択一で考えてきましたが、そうではなく、雇用と社会保障が最初から組み合わさった社会へと変わっていけたらいいという気がするんですね。

茂木　確かに。

奥田　また、生活保護の半分以上は実は医療費なのですが、病気で働けないというのと、働く機会がないので病気になるという両面があります。就労の提供は、単に給料だけのことではなく、健康も含めて人間全体にとってよいことだと思います。

茂木　それはそうだね。

奥田　いずれにせよ生活保護というシステムは、原則、最後の最後に出てくるわけです。しかし、もっと手前から利用でき、しかも多様な選択肢があるシステムに変えなければいけません。

▼ネットの活用と身体性

茂木　堀江貴文さんのツイッターを見ていたら、パーティでロマネコンティあけたとか言っていたことがありました。一本何十万とするんですよね。でも、脳科学的な理屈で言うと、その幸せと、今日の発泡酒何にしようかって考える幸せと、何も変わらないのです。それに、今はインターネットがあるから情報はほとんど無料です。やる気さえあれば幾らでも学ぶことができるし、僕自身ネットがつながっていれば特に困らない気がする。ですから、今日ではネットへのアクセス権が基本的人権の一つだと思う。例えば、受刑者がネットにアクセスできないのは問題だと僕は思います。

奥田　なるほど。私も数年前から生存権の概念の中に「情報権」という考え方を入れた方がよいと提案しています。今日の世界において情報はいのちです。情報がないために自分の状態がわからないということが起こる。さらに社会資源に関する情報がないと要求することさえできないということになります。例えば冷蔵庫があることを知らない人は、冷たいビールが飲みたいという欲求さえ起きない、というわけです。情報がないことによって起こるニーズの不認識こそ最貧困状態であるといえます。困窮者支援において、当事者に携帯やタブレット型PCを貸与することなどを考えなければなりません。

茂木　ホームレスの人にもインターネットのアクセス権が必要だと思います。それが現代とつながる鍵でもある。自分の居場所を見つけることが大事ですが、そういう才覚は今の社会では情報に接していないと無理です。だけど、学校や企業はネットと対極にあって囲い込む方ですね。授業料を払わないと授業を受けられないとか、社員でないと会社に入れないとか。でも、全然違うものがネット上にあって、どうも未来の進む方向って、そちらの方のような気がします。

奥田　ただ、人間関係に関していえば、それでも肉体性や身体性はとても大事だと思うのです。ネット環境で関係をつなごうとしている子どもは多いけど、それで本当に生きる世界が広がっているかは注視する必要があるでしょう。ネットは関係性の一部でしかないような気がします。

茂木　現実に役立つ情報が、かなり平等に得られるという面はあるんですけど。

奥田　それは大事ですね。そうでない情報も沢山転がっていますが……。まあ、情報の中身の問題もありますが、もう一つは、無縁社会という点からいえば、関係性保持のためにネットを基軸に置いていけるのかは微妙な気がします。私は、それがツールなのか、絆なのかといわれれば、やはりツールだろうと思います。もっとも、被災地の支援でも、スタッフの態勢を整えると同時にｉＰａｄを導入しようという話もありました。主な用途としては二つあって、一つはやはり茂木さんが言うように〝情報〟です。プラットホームのようなものをつくり、相互に情報提供する。もう一つは、支援の現場で使えるデータベースを構築することです。

茂木　それは重要な要素ですね。

奥田　私はまだアナログ人間なんでしょうね。ネットの便利さや機能性はわかりつつも、身体性の問題がすごく大事だという気がする。携帯電話が普及し始めたときもそう感じました。というのも、所詮スイッチを切れるじゃないですか。嫌なら切ることができる。だからよいともいえますが、一方でそこで自分勝手に終われるという怖さがあります。実際に面と向かって会っている関係ではそう簡単には切れません。相手が目の前にいるのに見ないふりはできない。それが人間の出会いの面白さであり、しんどさでもあります。嫌がられながらも訪ねるうちに徐々に人が変わっていく。そんな場面を私はずっと見てきました。「電話は切れても、関係は切れへん」と言って活動してきた。ネット社会を充実させると同時に、生身の人間がぶつかっていく部分をどう担保するか、具体的な出会いへと私たちを導くようなネットの活用が必要だと思います。

茂木　今のお話を少し敷衍《ふえん》していうと、僕は今、奥田さんと向き合って話していますね。そのとき実は、奥田さんが牧師であるとか、ホームレス支援している人とか、そういうことはとりあえず忘れて、奥田さんの生身の存在感をベースに、その言葉に耳を傾けて一緒にいるわけです。それができることが大事だと思う。今求められているのは、そうした生身の感覚だと思います。で、僕は、一緒にいたとしても必ずしもそれができていないケースも沢山あると思う。肩書だけで結びついているとか、先生と生徒だとか。僕は希望的観測として、インターネットはそういう感覚を育む一つのツールになるかもしれないと思っている。なぜインターネットが大事かというと、学校や会社、国などを全部無効化するような力があります。例えば、僕が大学へ行っていたときには、物理学の論文を読もうと思ったら、物理学教室の図書館に行かなかったら読めなかったのが、今はネットからPDFで持ってこれる。僕は初等中等教育でもそうであるべきだと思っています。中国でもVPNという方法でツイッターが使えるし、国境も越えられる。そういう経験を積むことが今の社会ではとても大事だと思う。最初はネットの情報を単にうのみにするかもしれないけど、経験を積んでくると、人に関する情報でも、本当の生身の存在はこの情報の向こうにいる何かで、実際には会ってみないとわからないことが、わかってくるのではないか。だから、一方では既成のシステムを壊し、乗り越え、一方では、本当に生の経験を大事にするようなツールとしてネットが使える可能性はあると思うのです。

奥田　確かに。肉体だけに留まると世界は狭いままです。時間と場所が限定されてしまいます。そして、その狭い世界だけが自分の場所だと思い込み、その中で絶望すると自分の居場所がもう世界のどこにもないように思ってしまいます。しかし、実は世界は広く、つながっている。前にも申し上げたように、私の息子がいじめで不登校になり、生きるか死ぬかまで追い込まれたとき、彼はネットで沖縄の八重山の鳩間島《はとまじま》という孤島を探し当てた。そして、まさに肉体的には行ったことのないその島に出会った。その時点で彼の世界はいじめられている自分の学校区をはるかに超えたのだと思います。ネットにはそのような可能性が確かにあります。

ただ、息子のことで大事なのは、彼がその後その島の学校に実際に転校したという事実です。この生の出会いに結びつくかが勝負のように思います。ネットにおける無限に近い広がりに期待しつつも、私は少し心配になります。ネットで閉塞《へいそく》した自己を解放することと同時に、やはり肉体が伴わないとダメだと思うからです。さらに、あらゆる出会いや関係には責任というものが伴ってくると思っています。肉体が伴わない情報は軽く、無責任なものが多いと思う。ホームレス支援の現場で、スタッフやボランティアの人にずっと言ってきたのは、「出会った責任」「聞いてしまった責任がある」ということです。一方的に聞いたのかもしれないけれども、知ってしまった者の責任はあるし、それが人を変えていく。だから情報を発信した人は、読む人に影響を与えているという責任の自覚が必要なのですが、その辺がだんだんと薄れている。出会ったら傷つくということも含めて考えると、ネットは便利ですが、私にはまだ全面的に肯定できないところがあります。

茂木　すごく大事なポイントだと思いますね。僕もインターネットの使い方がおかしい人は沢山いると思う。ツイッター上で人を非難ばかりしたり、匿名で煽《あお》っていたりとか。わざと刺激的な言葉を使って、それにつられてきた人たちを笑うとか。まさに、軽いネタとして情報を扱っている人も多い。インターネットは道具だから、どんな用途にも使えます。ナイフだってリンゴの皮もむけるし、凶器としても使える。僕はすごく重要な論点だと思うのですが、ネットを使っているだけでは、今言ったような人間としての態度というのはもちろん身につけられないから、人間としての絆だとか、傷つけ合うとか、知った以上は責任があるとか、そういうスタンスを身につける〝現場〟は必要ですね。それは、どこかにあるはずなのですが、不幸なことに学校はそういう場ではない気がします。かつては、そういう機能もあったかもしれませんが、今は個人の成績を問う場だから助け合うということがほとんど評価されない、貧しい世界です。奥田さんが言う意味での絆というか、人とのつながりは、そこでは学べません。

▼複数の居場所を持つこと

茂木　今は自分の居場所がないと感じている人が多い気がします。あるいは、居場所を持っていても、それがなくなるという不安を持っている人がいます。

奥田　居場所をすごく限定的に捉えているからかもしれません。例えば、人との絆を求めている人の居場所のイメージは、温かく迎えてくれる場所だと思います。確かにそれがないと生きていけないのですが、本来人間が身を置く居場所とは、そんな一つのイメージでは捉えられない。むしろ、人間を丸抱えしてくれる場所、そのような場所の総体が本来の居場所です。人間の中には色々なものが含まれていて、そういうものに対する引き受けが重要なのです。居場所というのは、居心地のいい、悪いだけで測ってはならない。しんどい場所、つらい思い出の場所も含めて居場所というか、生きている場所なのだと思います。だから、「居心地がいい」などと、あまり単純なイメージで捉えていると、すぐに「居場所がない」と言い出してしまう。

茂木　国境紛争の研究をしているのですが、国境紛争というものはどんな国家間にもかなりの確率で存在するもので、特別なものではありません。戦争は、リヴァイアサンとしての主権国家が向き合ったときには必ず起こります。チンパンジーの行動研究で、二つの群れが隣接しているときに両方の群れが使うエリアを、オーバーラップゾーンといいます。ここで出会うとチンパンジー殺しが起こることがある。ですから、日本と韓国、日本と中国、日本とロシアの間に国境紛争があるというのはごく普通のことで、日本人はそれが特別に相手の悪意によって引き起こされたと思いがちですが、動物行動学的なオーバーラップゾーンの考え方でいえば、紛争があるのは当たり前です。僕が思うに、居場所というのも、オーバーラップゾーンがあっていい。二〇〇八年に出た論文で、一人の人が所属するコミュニティが多様であるほど利他性が深まるという、コンピューター・シミュレーションの研究がありました。ある会社に所属するとか、ある組織に入っていることだけで規定される社会でオーバーラップゾーンがないと、利他性が育まれにくいという理論的な研究があるのです。オーバーラップゾーンには群れのボスなどは入りません。中途半端な存在の者がそこにいる。ちょっとはぐれ者みたいなのがオーバーラップゾーンにいて、それが彼らの居場所になっているのですが、そういうものがあるからこそ全体としてはうまくいく。オーバーラップゾーンに国境のようなものを無理やり引こうとしたり、お前はどちらのグループに属すのかと決めるように迫ることは、基本的には愚かなことなんです。例えば、国旗掲揚のときの起立というものに僕が反対するのは、別に立ちたければ立てばいいし、立ちたくなければ立たなくてもいいけど、それを条例で強制するのは根本的に間違っていますよ、ということです。

奥田　基本的に紛争は新しい共同体形成の契機ではあると思います。ただし、相手を全滅させてしまっては元も子もない、つまり戦争はダメですが。自分自身にオーバーラップゾーンを想定しないと新しくなれませんね。以前は、「あなたのアイデンティティは？」と問われると、意地になって「私は牧師」と答えていました。でも、色々と活動分野が広がっていく中で、逆に「牧師って何だ？」という問いが生じました。私は、あるときには牧師をやっているし、あるときにはホームレス支援をやっている。あるときには大学で教えているし、親をやっている場面もある。そして、それぞれがオーバーラップしていて出会いの場所になっている。一つに限定したり、どこからどこまでが私ですと無理に言うとおかしなことになる。そういう状況で利他性が高まるというのは、何となくわかるような気がします。

茂木　第一、第二子の研究が北欧などであって、いわゆるテストの点数などでは平均すれば第一子が一番高い。遺伝的な要因があるはずないので、親が一生懸命教育するんでしょう。ただ、従来いわれているのは、革命家とか、非常に革新的なアイデアを出す人は第二子以降に多いといわれています。

奥田　私は次男です。

茂木　ぴったりですね。僕は第一子ですが。だから、既存のシステムの中で居場所を見つけようとする人がいてもいいのですが、そこから出た人がどういう活動をするかが、実は社会のアクティビティなんですね。その意味では、天下りは勿体《もったい》ないなと思います。そこでリスクテイクしないで、省庁が用意した、閑職と言っては申しわけないけど、そういう形でお役人のせっかくの能力が使われている。もっとアウェイというか、フロンティアに行ったら、役人のイメージも随分変わると思うのですが。

奥田　利権構造とは無縁の民間引き受けがあってもいいですよね。第二の役所みたいなところに天下りするからおかしくなる。彼らのアイデンティティからは全くの異業種のようなところに移れば、それまでの経験がもっと活かされるのだと思います。いわばアイデンティティ・クライシスが起こるようなところに身を置いたときに、彼らの能力が発揮されるのではないか。聖書にこんな言葉があります。「キリストは、神のかたちであられたが、神と等しくあることを固守すべき事とは思わず、かえって、おのれをむなしうして僕《しもべ》のかたちをとり、人間の姿になられた」。キリスト教って、神がアウェイに来られた、つまり、神であることに固守せず、人間になったということです。このリスクテイクが十字架ですが、まさにそこに新しいいのちが生まれるわけです。

▼情緒を超えて考える

奥田　実は『新約聖書』には原本がありません。イエスはアラム語というヘブライ語の地方語を話していましたが、その記録である『新約聖書』は、ギリシャ語で書き残されました。しかし、その大もとの原本に当たるものはありません。あちこちに写本と呼ばれる

「写し」が残っている、しかも断片的だったりするわけです。だからずっと研究し続けられています。例えば、私が大学時代に使っていたギリシャ語の『新約聖書』は、ネストレ＝アーラントと呼ばれているものですが、当時は二十三版ぐらいでした。今は二十八版になっています。聖典である聖書自体が変化していくわけです。極端にいえば、「こう言った」と書いてあるところが次の版では「言わなかった」に変わったりもします。

茂木　時々発見があるんですね。

奥田　それを考えると、キリスト教は、一神教として絶対ということを言いながら、しかし、実は絶対はないという前提に立っていると思います。常に議論をしてきている。それは神は絶対であっても、その神を受容する側の人間は絶対ではないという認識を持っているということです。にもかかわらず、キリスト教国と自認する国が、世界最大の戦争国家であり、自己を絶対化するような独善的な価値観で動いている。アメリカ大統領が言うような明確な善悪二元論自体がキリスト教的ではないと思います。

茂木　僕は、日本国憲法の九条は立派な条項だと思うんです。主権国家というのは、トマス・ホッブズの『リヴァイアサン』じゃないけど、戦争するのは当たり前なので、戦争を放棄するというのは、ある意味では国家像を変える極めて重大なことです。恐らく百年後、二百年後から見れば非常に先端的なものだったということになると思う。現実というものを、所与性と過去性で捉えたら、「そんな間抜けなことはない、普通の国になりましょう」となるかもしれませんが、戦争放棄を九条でうたったというのは、非常に画期的なことだと思います。

奥田　「憲法が現実に合わない」と言って変えようとしている人もいますが、現実を所与性だけで捉えると全ての現実は仕方がない過去になってしまい、諦めるしかなくなります。九条によって宣言された世界は、過去ではなくあるべき未来の現実です。この未来の現実に向けて、現在の現実を変えていくことが大切です。このような未来のあるべき現実を示せないのは問題です。

茂木　ただ、一つ非常に残念なことがあって、日本人が自発的に書いたものではないということです。色々な議論がありますが、白洲次郎の証言などを読んでいても、やはりあれはGHQが考えたと思わざるを得ない。僕は、九条はすばらしいと思いますが、なぜそれを日本人が自分たちで書けなかったのかという、非常に残念な思いがあります。明治以降、例えば、漱石が内発的な発展ができないのがこの国の宿痾《しゅくあ》だということを言っていますが、実際その予想が当たってしまっている。村上春樹さんが、二回原爆を落とされているのに、なぜ日本人は原子力の利用という道を選んでしまったのかという主旨のスピーチをしました。常に日本人は外発的な要因で動く気がします。東日本大震災による福島第一原発事故も、それで自分たちが気づいたという言い方もできるけど、自発的に何かをするよりも、やむにやまれない状況が生じて、それへの適応として方向を修正している形になっている。奥田さんは非常に自発的な人で、誰かに言われたからやっているわけではないし、組織の人たちも皆自発的ですよね。でも、よくチャリティなどでは、親玉は非常に立派なことを言っているんだけど、その下にいる人はただ従っているだけということがある。もう少し内発的な形でつくっていかないと、長持ちしないなと思っています。

奥田　その通りですが、この状況ですから、内発であろうが、外発であろうが、いいものはいいとまず言いたいです。小沢昭一さんが講演で、憲法をアメリカ人がつくったとしても、私はどうでもいい、日本人は皆スイスの時計がいいと言ってはめている、どこの国がつくったものでも、いいものはいいということを言っておられ、印象的でした。戦後この憲法によって日本人は戦争で誰も殺さなかったし、殺されなかったわけです。この事実にまず「いいね！」と言うべきだと思います。

しかし、そのうえで茂木さんの指摘は大きいです。それは内発的でなかったと共に、それに対する評価と認識を自らの中に持っていたのかという問題です。学校で憲法の原則として「平和主義・戦争放棄」を習うわけですが、九条の二項の「国の交戦権は、これを認めない」という一言が何を意味しているのか、きちんと認識していたのか。侵略戦争をしないということは当然のことですよね。しかし、交戦権を認めないというのは、侵略されても交戦しないということで、もはや戦争という選択肢はないという決断だったはずですが、その認識がどこまであったんでしょうか。また、九条は日本に侵略されたアジア諸国にとっては、日本の戦争責任告白であったわけです。これが戦後のアジア外交の基盤だった。日本が二度と侵略しないということの担保だったわけです。そういうところを認識していたのか、私は疑問なんです。

茂木　東京大空襲や広島・長崎など、非常に悲惨な体験をしたわけです。戦術的にも神風特攻隊みたいな、世界史上にも見ないようなエキセントリックなことをした。とにかく色々な異常なことがあった戦争です。だから懲りていたことは事実だと思います。戦後のある時期には、厭戦《えんせん》気分というものがあったのだと思う。ところが、戦争を少し軽く捉える人が出てきて、もううんざりだという体験がだんだん薄れてきてしまっている。だんだんと国家の政策の遂行手段としての戦争だとか、そういうことを言う論者が出てきたし、右傾化も見られるようになってきた。北朝鮮とか中国の情勢の変化によって、それへの反発としてのある種のナショナリズムみたいなものも出てきて難しくなっています。想像にすぎないのですが、日本国憲法ができたときは本当に焼け野原で、多くの人が「戦争は嫌だ、もう懲り懲りだ」と思っていたのは事実なのではないでしょうか。

奥田　私は、絶対的平和主義者に近いから、ともかく「戦争はなし」という結論です。この結論から逆算して現在をどう変えるかというふうに考えるのがいいと思う。そうでないと、すぐに戦争にも正しい戦争と間違った戦争があるとか、戦争自体がだめなのではなくて、そのやり方がまずかったという話になってしまいます。選択肢から戦争を外すというのが、日本国憲法のすごさだと思います。

茂木　第二次世界大戦以降に起きた戦争は、先進国の一般市民を巻き込むようなことはほとんどありませんでした。戦争を遂行している人たちだって、もし自分の家族や友人の血が流れたら悲惨だと思うはずです。でも、戦争が起こっている地域がベトナムやアフガニスタン、イラクなどで、悲惨な状況でも映像として見ていて、どこか映画を見ているような感覚になってしまっている。国際世論の形成に影響力を持つような国、例えばイギリスやアメリカ、フランスの一般市民を巻き込むものではないので、本気で戦争反対の世論が湧《わ》き起こりにくい。イラクの市民が死んでいてとんでもないことだと書き立てても、心のどこかでは、自分たちのことではないと思っている面があるのではないか。そのあたりが、戦争に関して偽善的な態度が形成されている要因ではないかと思います。そういう意味では、ユーゴ紛争は近いところで起きていたので、ヨーロッパの人たちには衝撃を与えた感じがしますが。

奥田　福島第一原発事故で、脱原発が言われていますけど、本当にそうなるかはいよいよ微妙です。これは敗戦時に戦争は嫌だと感覚的に思ったことが、いつまで続いたのかという問題に似ています。本来は、九条を私たちが憲法としたときに、根本的なものの見方とか生き方が変わらなければいけなかったのでしょう。平和憲法を、どこまでわかっていたのかなという気がします。そもそも日本人はあまり憲法や法律の影響力を認めていないんでしょうか。どこか一時の情緒的な反応に留まって、実際のあり方の変化は起きていない。戦前、戦後でこの国は大きく変わったように見えますが、実は構造や仕組みは変わっていないのではないか。

茂木 情緒に流されることのよさと弱点がありますね。ホームレス支援にしても被災地支援にしても、かわいそうだから助けてあげたいという気持ちは尊いのですが、情緒というのは、顕著な事実として変わるわけですよ。あるときかわいそうと思っても、次のときには違う感覚を持つかもしれない。だから、論理的に社会や経済の成り立ちとしてどういう仕組みがふさわしいのかを考えることが重要です。マルクスの『資本論』は、ある意味ではそのあたりを突き詰めたわけですけど、そういうロジックを積み重ねていく力が日本人は弱いと思う。戦争はもう懲り懲りだと思うのはいいのですが、そこから戦争をなぜするのか、国家とは何かなどの理論的な積み上げがなかったから、情緒的に中国や韓国がけしからんとかいう話になってしまったりする。理論的な解析に非常に弱いところがある。

奥田　情緒的な反応の特徴の一つが〝無罪性〟の主張だと思います。キリスト教的にいうと、人間の行為である限りは全て限界性や罪性を含んでいます。あらゆる文明もあらゆる科学技術も、当然そこには限界や危険、罪というものがある。Ａの技術とＢの技術で、どちらが有効かと議論するとき、実はどちらを選んでも手を汚すことになるというところまであまり考えない。原発に関しても、出てきたときはCO_2を出さないからクリーンエネルギーだということでした。これは化石燃料がダーティーだということの対抗として出てきた。そして、今度は原発がダーティーで、自然エネルギーや再生可能エネルギーがクリーンであるというわけです。私は脱原発の立場ですが、この極端な変わり方というか、ものの言いが気になります。ついに中曽根元首相まで太陽国家にするというようなことを言い出しましたし。

茂木　中曽根康弘さんがですか？

奥田　彼は原発を推進した政治家だったのですが、これからは日本は太陽エネルギーだと言っています。議論がステレオタイプになっていく。原発は悪で太陽エネルギーが善だと。この二元論的な論理構成自体は何も変わっていません。科学技術というのは全てリスクを伴っているし、所詮人間がしていることだという認識を前提にしないとまずいのではないかと思います。梅棹忠夫《うめさおただお》が、人間は呪《のろ》われた存在で、そもそも科学は人間の業だと言ったことは正しいと思う。情緒に流れるとこのあたりの突き詰めがなくなります。

茂木 原発について僕の中で一番説得力のある議論と思うのは、ブラックスワン理論なんですね。これは、白鳥は白いと思っていたら黒い白鳥がいたということですが、要するに、専門家も素人も想定外の事態を予想できないことについては全く同じだということです。だから、どんなに準備をしていても想定外のことは起こり得る。ブラックスワン的な状況が万が一起こったときに取り返しのつかない事態に及ぶような技術を、我々は使い続けるべきではないという議論は、僕は有力な議論だと思います。そういう意味では、原発はカテゴリー的に使うべき技術ではないという議論はできるだろうと思います。そのうえで、現代社会を支えている最も根幹的なインフラが、情報ネットワークになってきています。インターネットや携帯電話が止まったら我々の生活はほとんど成り立たない。だから、クーラーを我慢するとかはいいのですが、生活に直結するインフラ部分の電力供給をどう確保するかは国家安全保障レベルの話なので、情緒的にこれからは自然エネルギーで全部やれるとか言っていると、国自体が崩壊する可能性があると思う。議論するのはいいのですが、非常に情緒的な反応をしている人がいるのは問題です。政治家もポピュリズムで動くので、それを考えると憂鬱《ゆううつ》です。

奥田　確かに現実的な議論は必要です。しかし、私は、どの技術を使っても人類は滅びるかもしれないぐらいのことを思っておいた方がいいと思う。どんなクリーンなものの中にもブラックスワンが登場します。化石燃料でいこうが、核燃料でいこうが、自然エネルギーでいこうが、人間の行為である限り健全な懐疑を持つべきです。しかし、情緒的な悪しきポピュリズムで一気に動く。現在の日本を覆っている闇《やみ》は、議論のなさや、情緒で動くこと。しかも一気に百八十度変わる。この非論理的な動き方が最も危ないと思います。

茂木　「朝日新聞」の天声人語って、よく入試に出されるといわれているのですが、特に政局などについて書かれていると全く論理的ではないんです。

奥田　情緒的ですか。

茂木　花鳥風月の世界です。季節の変わり目とか、そういうときは天声人語ははまるんです。あれは、クリティカル・シンキングや批判的思考を提示する場ではないんでしょうね。でも、エッセイというと、日本だと吉田兼好の『徒然草《つれづれぐさ》』みたいなものを想定しますが、ヨーロッパでは哲学的なものを含むわけです。アンリ・ベルクソンは心や脳の問題を考えた哲学者でノーベル文学賞をもらいましたが、それは彼の哲学的エッセイに対する評価です。哲学的エッセイというのは、花鳥風月ではなくてクリティカル・シンキングです。日本にはそういう伝統がなくて、イギリスのメディアに載っている文章の質と、日本の新聞社の社説の文章の質は全く違う。日本の新聞の社説は結論ありきで、それを補強する材料だけを持ってくるから、弁証法的な思考が全くないという有様です。日本を代表するメディアの文章でさえ批判的思考が欠片《かけら》もないという状況に、日本の深刻さが表れていると思います。

▼様々な顔を持つ

茂木　僕は他人に絶対にしない質問があって、それを世間の人が僕にするので驚いています。それは〝本業〟って言葉なんです。

奥田　ああ、私もよく訊かれます。

茂木　訊かれるでしょう。「奥田さん、本業は何ですか、牧師なんですか」と。僕もよく訊かれるのですが、すごい違和感がある。日本の社会には本業と副業みたいな概念があって、色々な意味で失礼なんです。本業は真剣にやるけど副業はそうではないのかというと、そんなことはない。いずれにせよ、仕事というのは一生懸命やるものです。あと、本業というのは、多くの場合、組織や肩書を意味しています。

奥田　収入の出所とか。

茂木　ああ、そうかもしれない。これは、日本社会の病なんだと思う。ちなみに、本業を訊かれたら何て答えるんですか。

奥田　私は「牧師です」と答えますが、講演会の多くはホームレス支援で呼ばれています。私は本業というよりも〝使命〟という考え方をしています。色々な顔というか出し方があって、一つは牧師だし、一つはホームレス支援でしょう。大学で教えている日もあるし、震災支援で飛び回ってもいます。だから、本業と言われると本当は困る。しかし、出し方は色々でも、それを規定しているあり方、神様から与えられている使命は統一されていると考えています。あり方というものについては、茂木さんも一つのものがあるのではないですか？　それが大学教授や脳科学者、テレビに出たり、本を書いたりという、色々な出し方になっているのでは？

茂木　どうかなあ。

奥田　例えば、職業天賦《てんぷ》説というものがプロテスタントの伝統にあります。ドイツ語で職業はベルーフですよね。ベルーフはルーフェン（呼ぶ）の受け身の形、すなわち「呼ばれる」という意味です。神から召し出された役割が、職業となります。英語のコーリング（呼びかけ）にも「天職」という意味があります。

茂木　呼ばれているわけですね。

奥田　はい、召命《しょうめい》といっていいでしょう。まさに神様から呼ばれている、抜擢《ばってき》されている、それが職業だと考えたのです。職業天賦説には問題もありますが、職業の前にルーフェンがあるという考え方は面白い。神からの召命が結果として職業になっているとドイツ人は考えました。日本人は直接職業になってしまうのだと思う。ルーフェンの部分がなくなっているというか、何のために生きているのかという議論もなく、「本業は何ですか」

から入ってしまう。本来訊くべきは、本業が何かではなく、茂木さんに与えられた使命です。

茂木　確かに肩書が複数に及ぶというのがあまりない。僕がなぜ脳科学者という肩書を使っているかというと、日本の文脈だと二つ以上肩書が並ぶとすごく変なんです。英語だと、例えば、サイエンティスト、ライター、ブロードキャスター、アクティビストとか言っても別に普通です。科学者であり作家であり、テレビに出る人であり、活動家であると言うのは全くおかしくない。

奥田　一つのことしかやってはいけないという感じがあるのかもしれませんね。

茂木　昔、マルチ人間とか嫌な言葉がありました。小器用に何か色々なことをかけ持ちしているみたいなイメージがあるんでしょう。

奥田　私は逆に一つの出し方をしないでよかったと思っています。かけ持ちしているというのは逆にいいのではないか。なぜなら、それぞれが星座的に展開していて、個々の星は何ら関係ないように見えるのですが、それを遠目に見ると一つの星座が浮かび上がる。それが使命です。

茂木　日本の会社は多くの場合、副業禁止などの職務規程がありますよね。

奥田　特に公務員は非常に厳しい。

茂木　でも、勤務時間内はしようがないけど、それ以外のところで別に何をやろうと自由じゃないですか。僕の周りでもフリーランスになる人が随分増えてきていますが、そういう人たちの共通点は、会社にいるときから副業を始めていることです。時代的にリスクヘッジとしても正しいと思う。ちなみに僕も、ソニー・コンピュータサイエンス研究所には兼業届を出しています。いい会社で、勝手にやらせてくれています。勤務時間以外は原則自由としたら、日本の社会って随分変わりますね。

奥田　その企業にとってもプラスになるのではないでしょうか。私の場合も教会内ではホームレス支援に賛否ありました。あなたは本当は牧師なんじゃないの、野宿の人のところにばかり行ってどうするのとか。でも例えばホームレス支援で「プロフェッショナル」に出たら、教会に人が来ますし、色々つながるんですね。

茂木　僕なんか、ものすごく宙ぶらりんですからね。例えば、研究者は大学が当たり前の落ち着き先なんですけど、僕はそれをはっきり捨てましたし。今の大学は非常に閉鎖的だし、自分のやりたいことができないからですけど。僕は恐らく一生このまま宙ぶらりんのままですが、やりたいことは自分でできるし、全く問題ない。

奥田　茂木健一郎は、茂木健一郎でいいんじゃないですか。

茂木　自分はいいですが、若者で宙ぶらりんの人がいっぱいいます。彼らがどうやって生きていったらいいのかということは、社会のシステムとして考えないといけない。宙ぶらりんな人のために。

奥田　宙ぶらりん、かつ食えるということが前提でないとだめですよね。ただ、若者には、お前は何のために生きているんだと、まず問いたいんです。

茂木　それは難しいですよね。

奥田　もちろん難しいですけど、これまでこの問いがなかったんだと思うのです。

茂木　今までは、何とかになると言っててすみましたからね。

奥田　ある職が本業だと言えば、それがほとんど生きる意味だったのですが、この就職難の時代では、職業イコール生きる意味と考える青年はあまりいません。これまでは使命に当たる部分を一つの会社に居続けることで表してきた。しかし、それが崩れ、多くのことに関わらねばならなくなった。職業や居場所が次々に変わっていく中で、それを貫く横串《よこぐし》のようなもの、それがルーフェンですが、それを持たねばならない。また、終身雇用で働いてきたとしても、使命という深みがないと、定年退職をすると使命までなくしてしまって、無気力になったり、老けてしまうということになります。

茂木　組織の中で仕事はしているけど、それに自分の存在を吸い取られていないというか、質入れしていないという人は魅力的です。でも一致してしまう人もいます。いかにも官僚とか先生になってしまうのは、ちょっとどうかと思う。

奥田　平野啓一郎さんが言っている「分人」という考え方は面白いと思います。分人は、場面によってキャラを使い分けるということではなく、そもそも人は、相手によって自分を分化させて対応してきた。家庭の自分、職場の自分、職場もAの職場とBの職場みたいにかけ持ちしている自分とか、友達の前の自分のように分ける。だから、その一部がうまくいかないからといって、それはその人全体の問題ではないという。それでよくて、そこを昔のように統一性を持たせようとするからおかしくなると言っていますね。

茂木　それは正しいよね。

奥田　ただ、分人と分裂の分岐点はどこなのか。また、そのときに横串みたいに貫かれているもの、つまり使命のようなものはあるのではないか。茂木さんが、大学教授の茂木さんもいれば、脳科学者の茂木さんもいるし、テレビに出ている茂木さんもいて、でも私にとっての茂木さんという人格、それが使命に関わる部分だと思うのですが、それが統一的にあるわけです。

茂木　それは奥田さんもそうです。

奥田　個々は全然違うのですが、茂木さんなんです。分人は分人でいいし、ステージが幾つあってもいい。ただ、自分は何者なのかという問いはどこかで持たないと崩れるのではないかなと思います。

茂木　それは要するに〝魂〟ということですね。

奥田　なるほど魂ですね。現在の若者たちの多くが、戦後日本社会が与えてきた単一的な価値観体系に入れません。しかもその体系に入らないと、十分には暮らせないのが現実です。貧乏暇なしと昔いわれましたが、若者たちは本当にそうなろうとしている。例えば月二十五万円稼ごうと思ったら、幾つかの仕事をかけ持ちしなければならない。一方で、そういう若者たちは必然的に居場所や関係のステージを多数持てる可能性がある。確かに生存権の保障が社会保障などできちんとできたら、考えようによっては今後、単一価値で生きてきた高齢者の方々とは全く違う高齢社会が生まれる可能性があります。

茂木 最低限の保障があれば。

奥田 ええ。困窮や貧困が生み出した現実にすぎないかもしれませんが、もしかしたら戦後の一元化された価値体系がどんどん相対化されていくことにつながるかもしれない。一人の青年の中に幾つもの価値とか、もしくは自己存在意義みたいなものが育まれる可能性もある。終身雇用という一番いいところを大人たちが占めてしまって、脇へ追い出された人たちが、今までと関係のない価値で生き始めている。追い出された者の中から次の時代の花形が生まれる。そんなことが起きないかと思います。

茂木 先ほど、関わる組織が多様なほど利他性が育まれるという研究結果を紹介したのですが、実はこのシミュレーションの重大な結論として、そういう社会構造だと所得分布にものすごく格差が出るということがあるのです。皆が正社員で、あるところから給料をもらっているようなところでは大体は均一になります。ところが、皆がフリーランスで色々なことをやるようになると、儲かる人は儲かるんだけど、儲からない人は儲からないから、必然的にそういう分布になってしまう。だから、それを補完するためにはセーフティネットがどうしても必要なのです。そういう多様性の社会構造になったら、所得の最低保障をシステム側がやらないといけない。所得の再分配の必要性がより増加する。それが理論的には予測できるのです。

奥田　まさにその通りです。国家の存在意義は国防だと言う人もいますが、私は所得の再分配と社会保障だと思います。多様というのは、どうしても安定性に欠ける。だから、その部分を補う仕組みがどうしても必要です。ただ、先ほど言ったように、私は現金支給に偏った生活保護には課題があると感じています。サポートや雇用の選択肢、あるいは生きがいや出会いの支援などが必要だと思う。最低保障としてのベーシックインカムのいい点は、職業選択にしてもより多様化する点です。そして、その結果、茂木さんの言うように利他性が高まり、新しいインクルーシヴな共生社会が生まれる。

茂木　アメリカでは、貧しい若者が軍隊に行くことで事実上の生活保障を受けているわけで、それはどうかと思いますが、自衛隊では軍の意味が変わってきているというか、東日本大震災のときにもとてもよい活動をしました。福祉や介護が典型ですが、市場原理に任せられない仕事が沢山あるので、そういうものを基本的に国がコーディネートするのは、先に述べたようによいと思います。そういう意味での多様性とベーシックインカムを同時に一つのシステムとして運用するという議論ですね。

▼魂について

茂木　キリスト教神学において、魂って現代の文脈ではどういう見解になっているんですか。

奥田　現代のキリスト教神学においてメインテーマとなっているのは、魂というよりも、霊性です。それは、神と人、人と人、また自分自身とのつながりです。ですから茂木さんご指摘の利他性も生まれます。霊性はいのちを求めます。また、人を死へと追いやる力や構造的な罪、つまり差別や貧困、抑圧と闘う力であり、人間を解放する神の働きです。ですから、解放の霊性という言い方もします。霊はギリシャ語でプネウマ、「風」という意味です。英語ではスピリッツ。このような神からの風を受けて人は自らの使命に生きます。

私が「プロフェッショナルとは」で、「使命という風が吹いたとき……」と言ったのは、このプネウマのイメージがあったわけです。

一方、魂は、ギリシャでプシュケ。これは「息」ということです。英語ではソウルでしょうか。これは人間の側を表した言葉です。しかし、キリスト教で重要なのは、このような魂や精神と肉体とを分けて考えないということ、つまり、霊肉二元論はとらないということでした。ギリシャのグノーシス主義では、肉体は精神や魂の牢獄《ろうごく》だと認識して、身体性を否定しますが、キリスト教では肉体の復活、つまり、全的人間の復活を語ります。まあ、全体としての人間、弱い肉体も含めて、人間そのものを指すのが魂でしょうか。そのプシュケ・魂が抑圧されることに対して、プネウマ・霊が働き、本来の自分を回復するという関係です。

この意味で現代は魂が分裂を起こしている時代といえるでしょう。自分が自分でなくなるというか。それをどう回復するかが課題です。

茂木　魂は、我々の立場からいうと、脳の総合性、統合性の問題です。僕のライフワークなんですけど、心脳問題というのは未解決です。なぜ意識があるのかは本当にわからない。

ひょっとしたら永久にわからないかもしれない。人間の認知の限界として捉える人もいるし、実際そうなのかもしれない。僕はお話ししていて、奥田さんの魂みたいなものを、幻かもしれないけど感じるわけです。脳内現象としての統合性みたいなものです。それは職業とかそういう属性では測れません。例えば、コンビニの店員さんがマニュアル化された対応をしていて、それは非常に効率的だと思うのですが、非定型的なやりとりをしたときに魂みたいなものが時々見えることがあります。人間が人間に向き合うというのは、結局そういうことだと思う。ホームレスの人は、経済的にはとりあえず何も生み出していない状態に置かれている。横浜の事件というのは、結局、そういう資本主義の論理というか、経済システムの中ではゼロに等しい彼らをそういうふうにないがしろにするという態度が、少年たちに表れたのでしょう。でも、魂の主体としては皆全く同等なわけです。奥田さんのところを訪ねて地下通路を歩きながらホームレスの人が寝ているのを見て、どんな子ども時代だったのだろうかとか、お父さんとお母さんはどういう気持ちで育てたのかなとか、今どういうことを考えながら寝ているんだろうかなどと思ったのですが、それがどこかで人間の人間に対する態度を担保するように思います。

いずれ我々は皆死んでいくわけで、時間が経過するということは、恵みでもあると同時に、やがては別れが来ることを意味しています。時間が経過するというのはどうすることもできません。僕はやはり〝祈り〟とは、どうすることもできないものに対する、ある種の心のおさまりのつけ方だと思う。それ以外何もできないという。震災もそうですけど、何であなってしまったのかというと、それはわからないし、どうすることもできない。そういうときに〝魂〟というものを考えざるを得ない。祈りが生物学的にどんな意味があるのかわからないですし、それを説明する進化論的な議論があるのかもしれないですけど、とりあえず祈るしかないんですよね。

奥田　茂木さんの言う祈りということが、キリスト教でいうと霊性に関わる部分だと思います。私たちの魂は、社会の現実や大きな苦難の中で萎えていくわけです。しかし、それに対してあまり直接的に熱い魂で対応するのはどうかと思う。いや、傷ついた魂の前では、祈りしかない。そこに働く解放の霊性に期待するしかない。祈りは、キリスト教では〝委ね〟だと理解します。神に対する委ねです。被災地での私の失語状態は、魂においては絶望の場面だったと思いますが、同時に霊性においては委ねであった。もうどうすることもできない事態を前に祈っていた。しかも、その祈りたるや、「〜してください」などと楽観的なことが言えないところでの祈りでした。それは、外から差し込む光のようなものを黙って待つという時間だったと思います。もうどう祈ったらいいかわからない、慰めようもない。その沈黙の中で、人は本当に祈るのだと思います。それが霊性への期待であり、よろしくという委ねです。手放す瞬間といってもいい。聖書の中で一番典型的な祈りの場面は、イエスが十字架に架かる前夜、ゲッセマネという園での祈りです。ものすごく人間的に描かれていますが、イエスの魂が恐れおののき震えている場面です。イエスは、ペテロとヤコブとヨハネという筆頭弟子たちに一緒にいてくれと弱音さえ吐きます。しかし、人間の悲しさで、弟子たちは苦しみもがくイエスを前に疲れて居眠りをし始めます。

イエスは、恐怖で血のしたたりのように汗が流れたと「ルカによる福音書」に書いてありますが、自分はもう逮捕されて殺されるということがわかっていたのです。私は、そのときの祈りがキリスト教の本質だと思います。最初にイエスは「この杯をわたしから取りのけてください」と祈ります。この苦難から逃してくれと正直に祈るわけです。しかし、その後にもう一言祈る。「しかし、わたしの思いではなく、みこころのままに」。つまり、最後は神に委ねる。「しかし、わたしの思いではなく」が霊性に関わる部分です。しかし、残念なことに現代人にはこの一言がない。祈りが「私の思い」ばかりになっている。結局、魂は解放されることなく、私の思いという呪縛の中で過ごすわけです。霊性への回帰といいますか、動かしがたいもの、どうしようもないものの前で祈るというのが祈りであり、それは委ねということなのです。「私」ではなく「神」という主語の転換が起こるわけです。

茂木　まさに祈るしかないということですよね。

奥田　先ほど述べたように、職業の問題でいっても、元々はルーフェンで与えられたものだとすればよいのですが、自己責任だと逃げ場がない。そういう意味では、若者に君は何のために生きているのかという問いは、正確にいうと、君は何のために生かされていると思うかなんです。『夜と霧』でフランクルが述べたことです。

▼祈りについて

奥田　祈りというのは、悔い改めを人間に起こさせる。反省ではなく方向転換です。私は炊き出しの現場で、一年に二回、路上で亡くなった人の追悼をしています。当事者、ボランティアを含め二百人以上が黙禱《もくとう》します。最初のころは、心の中で神に祈っていました。「神様、死んでいった○○さんをよろしくお願いします。寒い路上での最期でした。あたたかい部屋をお願いします」などと祈っていたわけです。しかし、年々亡くなる人の数が増えていきます。そうすると自責の念で容易には祈れなくなりました。「お前は、この人が亡くなったその日、どこにいたんだ。何をしていたんだ」。そんな声が自分の中に聞こえるわけです。一方で追悼をしている側の野宿当事者にしてみれば、明日は我が身かもしれない。次の追悼集会には自分の名前がそこに刻まれているかもしれないのですから、もっと深刻です。年を重ねるうちに、黙禱は深いものとなりました。その中で、祈りが変えられた。祈りは一般的には自分の願いをあれこれ言うことです。でも、そんなことは言えない。たどり着いたのが、「聴くという祈り」です。もうきれいごとを祈れない、自責の

念、明日の自分に対する絶望。そんな中で、「誰か何か言ってくれ」という思いになる。皆が恐ろしいほどの沈黙の中で必死に聴いている。それが、路上の祈りとなりました。祈りは、外から来るもの、外から到来する光を待望することです。希望は自分の内から湧くのではない。願望は祈りの一部分にすぎない。絶望の日、願うことさえできないという深い闇の中で、なお祈ることができるとするならば、到来する光、外からの言葉に黙って耳を傾けることによってのみです。

茂木　根本的な人間観の問題なんですけど、自由意志があるとは科学者は思っていなくて、因果的決定論だと思っています。自由意志というのは幻想だと思っている。我々をつくっている物質というのは自然法則で動いているわけです。例えば、僕は今奥田さんに話していますけど、これが自分の自由意志で選んでいるかというと、よくわからない。自分自身が観客になって、自分の振る舞いとか、自分の周りのことを見ているような状況だというのが、科学の与える人間観なんです。要するに、祈ることで変えようとしているわけではないということですよね。

奥田 なるほど。因果律とは違うかもしれませんが、それをキリスト教では神の摂理といいます。神の思いといいますか。そのような自分の願望ではない祈りを知る人は、変えられない苦しい現実を受容することができます。

茂木 それがまさに、キリストが自分が逮捕される直前に。

奥田 はい。最後に「みこころのままに」と言うのは、「風に（霊・プネウマ）吹かれて生きていく」とイエスが言った瞬間だといえます。そこが、現代人はあまりにもなさすぎる。茂木さんの話は、現代人が一般的に持っている科学のイメージと全く逆ですよね。

茂木 科学は自由にできるということでしょう。

奥田　科学が発達すれば人間は何でもできる、もっと自由になれる。私たちの科学観といいますか、それは非常に楽観的なものです。あれだけの原発事故があっても、まだ呑気《のんき》に信じている。でも、今茂木さんの話を聞いたら、全く逆だと言わざるを得ない。人間は無力です。

茂木　だから、基本的にこの世の全ての成り立ちというか、行き交うものは動かしがたいものだという諦念が僕にはある。そのことと、今奥田さんが言った祈りの成り立ちは、とても似ていると思います。

対談写真／中野義樹

絆は傷を含む——弱さを誇るということ

奥田知志

▼なぜ支援するのか——人は一人では生きていけない

　私はもう二十年以上も夜の街を歩き続けている。昼間の喧騒が消え、静まり返った夜の闇に潜り込んで息をひそめて眠る人々を訪ねるためだ。「なぜ、続けるのか」とよく聞かれる。「困窮者を支援するため」。確かにそうなのだが……。

「なぜ、困窮者を支援するのか」。私は、この問い自体にたじろぐ。質問者に問い返したい。「なぜ、そんなことを問わねばならないのか」と。「困窮者を支援することに、理由が必要か」と。この質問の根っこには、困窮は自業自得であり、助ける必要などないという現代社会の掟が見え隠れする。あえて答えるならば、こう言いたい。「それが人間だからだ」「それが社会だからだ」

　なぜ、そう答えるのか。それは「人は一人では生きていけない」からだ。野宿者であろうが、富裕層であろうが同じこと。この事実からは誰も自由ではない。私も、野宿者も、同じ現実を生きている。どちらも誰かを必要としている。「自己責任だ」ですますなら、社会も国家も不要となる。

確かに私も当初、「かわいそうな野宿者」を助けようとしていた。だが、今は違う。なぜなら、私自身が「一人では生きていけない」人間だとつくづく思うからだ。夜の街を訪ねるのは、その根底に私自身が一人では生きていけないという現実があるからだ。「自分のため」と言われればそうかもしれない。でも、この弱さを認めない支援者は、実に厄介《やっかい》な存在だ。弱さを踏まえない支援者は、結局自分も相手も傷つける。「私は一人では生きていけない」。この事実にまず立つことが肝心なのだ。

『旧約聖書』の天地創造物語において、神が最初の人間「アダム」を造られた時、神は「人がひとりでいるのは良くない」(「創世記」二章一八節)と言われた。これが聖書を貫く人間の現実だ。キリスト教はこの理解の上に立っている。私は、この事実を検証するため、天地創造以来の人間であることを確かめるために、路上の隣人を訪ねている。

▼対抗文化——光は闇の中に、東から

私を常にこの原則に引き戻してくれたのは、野宿の親父さんたちだった。路上の闇の中で、人間とは何かを考えさせられた。別に彼らが人間的に素晴らしかったわけではない。

どちらかといえば、弱さや醜さという人間の本質に正直な人が多いと思う。しかし私自身、そのままの私としてそこにはいられた。牧師としての気負いもなく、つくり笑顔もない。生身の弱い人間としてそこにいた。

華やかに光り輝く世界を求めて頑張っている多くの人々が忘れてしまったものが、路上の闇の中にはあった。大事なものが、「怠け者」「自業自得の怠惰な人々」とレッテルを貼られた人の中にあった。私は、本当の光を全く意外な場所、つまり暗闇で見出してきたように思うのだ。

「光はやみの中に輝いている」(「ヨハネによる福音書」一章五節)。苦しむ者、悲しむ者、追いやられた者こそが持つ認識論的特権がある。光は闇の中に輝いている。闇に住み、闇を見つめていなければ光を見出すことはできない。栄光ばかりを追いかけて生きる者には、絶対に見出せない光が闇の中に輝いているのだ。

「被災地東北に私たちの元気を届けよう!」。震災後の〝絆ブーム〟は、そのような掛け声で始まった。だが、光が闇の中に輝くのなら、ここでの〝絆〟は何を意味していたのか。私は思う。大切なのは「東へ」何かを届けるということではなく、「東から」何かを学ぶことではなかったか。私たちが想定した絆の方向性を検証しなければならない。「東へ」から「東から」への、方向転換が起こらねばならない。そうでなければ、復興は旧態依然としたものを押し広げるにすぎない。問題は、拡大再生産される。苦しみの中に置かれた人々から聴く。希望は苦難の地から来る。キリスト教では、このような方向転換のことを「悔い改め（ギリシャ語でメタノイア）」という。それは単なる反省ではなく、釜ヶ崎の本田哲郎神父が指摘するように、「『判断の筋道』（nous）を『変える』（meta-）ということで、要するに『視点を移す』こと」（『小さくされた人々のための福音』新世社、二〇〇一年）に他ならない。同じ場所で、同じ姿勢、視線でいくら反省しても、何一つ新しくはならない。

五木寛之の「悲しむ」という一文の中に、印象的なエピソードがある。「アサガオは夜明けに咲きます。（中略）アサガオの蕾《つぼみ》は朝の光によって開くのではないらしいのです。逆に、それに先立つ夜の時間の冷たさと、闇の深さが不可欠である（中略）ぼくにはただ文学的なイメージとして、夜の冷たさと闇の深さがアサガオの花を開かせるために不可欠なのだという、その言葉がとても鮮烈にのこってしまったのでした」（『新現代文　改訂版』大修館書店、二〇一一年）。私はてっきり朝の光が眠っていたアサガオの蕾を起こし、花が咲くのだと思っていた。しかし、現実は五木の言う通り。夜の冷たさと闇の深さがアサガオを咲かせる。逆に常に光を当て続けると花は咲かない。この逆説的な事実が肝心だと思う。あまりにも直截《ちょくせつ》的に光を求めすぎた社会は、闇を拒絶し、闇に暮らす人々を排除しようとする。再び経済大国を目指すという政府には、「東へ」はあっても「東から」はない。問題は「東から」あるいは「やみの中」という対抗文化（カウンターカルチャー）を、あの「絆」が持っていたかである。

▼「俺は人間か」

「エサ取り」は、路上でよく耳にする言葉だ。親父さんたちは食事のことをそう呼ぶ。残飯や廃棄された食材が彼らの食べ物となる。ある親父さんは七年間の野宿生活を終えアパートに入られた。その日彼は「私は今日、人間に戻りました」と言った。「昨日までの私は、道端でゴミを漁《あさ》っている犬とか、猫、あれですよ、あれ」と、彼は言うのだ。

食事を「エサ」と言う、その言葉の奥に、「俺は人間なのか」という絶望的な問いがある。食事だけの問題ではない。犬や猫のように生きたことは、自分が果たして人間であるかに関わる問題なのだ。路上で暮らす多くの人々が、自分が人間であるとの確信が持てないで苦しんでいる。公衆の面前で眠り、ごみ箱を漁り、排泄《はいせつ》をする。野宿生活は、住、職、食、金がない状態である。しかし、それ以上に人間であることがそぎ落とされていくのが野宿である。

それは、決して野宿当事者の個人的な認識の問題ではない。一方に、路上の人々を犬猫扱いし、彼らに「エサ」と言わしめた社会がそこにあったと思う。「野宿になって一番つらかったことは？」という質問に、ある方はこう答えられた。「野宿になる前は、公園を散歩しても、見知らぬ人でも『こんにちは』と声を掛けてくれた。しかし、一旦路上に座ると誰も声を掛けてくれなくなった。毎日、自分の前を何千人も人が通りすぎていった。まるで私など存在していないかのように。そのことが一番つらかった」。社会的排除は、この国の現実である。貧困は、経済的な問題のみならず、福祉からの排除、就労からの排除を生む。十五〜二十四歳の若者の非正規雇用率は五〇％に迫ろうとしている（二〇一三年の総務省資料より）。終身雇用をはじめとする、これまでの社会構造に入れない若者が排除の対象となっている。

闇の中から「俺は人間か」と自問する声が聞こえる。夜間パトロールは二十五年間休まず続いている。配られる弁当には「食事」以上の意味がある。実際、餓死する野宿者はほとんどいない。残飯であろうが、何とか食べていけるのが現在の日本だ。しかし、残飯は人間の食べ物ではない。私たちは、「俺は人間か」という彼らの問いを聴き、何とか答えようともがいてきた。「あなたは間違いなく人間だ。誰が何と言おうとこれはエサではない。その証拠に、これはあなたのために用意されたお弁当だ」。そう答えること自体が支援であった。

だが、問いは方向を変え、すぐさま私自身に迫ってくる。「そもそも、答えているお前こそ人間か」と。現代に生きる私たちは、この問いに何をもって応《こた》え得るのか。「人間だ」と自らに思い込ませて不問に付してきたのではないか。この問いに、私たちはどうやって答えを見出すのか。

この問いの答えは、他者から聴くしかない。自答できない問いなのだ。路上の人々を訪ね歩く意味はそこにある。「俺は人間か」と自問し、呻吟《しんぎん》する人々に、答えることができるのは「他者」なのだ。人間は、他者と出会うことによって「人」になる。他者との出会いが、「人がひとりでいるのは良くない」と教えてくれる。だから自問自答してはいけない。私たちは、他者を通して自分を知る。

▼他者からの言葉——「きっと笑える時がくる」

震災から三週間目に被災地に入った。三月末の石巻港一帯はいまだ目を覆う惨状であった。私は、牡鹿半島にある蛤浜《はまぐりはま》、折浜《おりのはま》という漁村集落へと向かっていた。崩れた家屋はそのままだった。集落を訪れた時、迎えてくださったのが亀山区長夫妻だった。既に支援物資が届いていたこともあり、ご夫妻は私を笑顔で迎えてくださった。「この村には行政やボランティアは来ていないんですか」と質問すると、「来ていません。でも、他のところはもっと大変だから」と答えられた。「この人と一緒に歩んで行こう」と思えた一言だった。家も船も牡蠣の養殖いかだも流された。桟橋は崩れ、港一帯が地盤沈下していた。復興が困難であることは誰の目にも明らかだった。

その時、亀山夫妻が支援物資に添えられていた一通の絵手紙を見せてくれた。手紙には、クリスマスローズの絵と共に、「生きていれば　きっと笑える時がくる」と書かれていた。

夫妻は涙をためながら、「私たちは、今回の津波で全てを失いました。でも、今日はこれで生かされているんです」と語られた。

極限状況においてなお人を生かすものは何か。食物、家、服、お金が必要であることは、ホームレス支援においても最優先の事柄だ。しかしあの日、あの集落の人々を支えたのは、きっと笑える時が来るという「他者の言葉」であった。「笑えない時」が突如私たちを襲う。確かに「言葉」では腹は満たせない。だが、食べ物があったとしても「食べよう」と思えるか、「生きよう」と思えるかが問われていた。日ごろは「あれもあったらいい、これもあったらいい」と思っている。しかし、極限状況では「なくてはならぬもの」が問われる。あの日、人々をもう一度立ち上がらせたのは、「他者の言葉」だったのだ。私は以来、あの手紙の意味を考えている。三月十一日以後を生きる者として、それを考えることが義務だと思っている。

▼相互多重型支援——笑える牡蠣プロジェクト

数カ月が経った時、亀山さんの言葉に驚いた。「沢山の支援を受けて本当にありがたかった。でも、もうお断りしようと思う。いただき続けるのは重い。何のお返しもできないのがつらいから」。助ける側と助けられる側の固定化が起こっていた。助ける人は常に「どうぞ」と言う。どこかで「よいことをしている」と思っている分、総じて元気。しかし助けられる側は、いつも「ありがとう、すみません」と言わされる。「ありがとう」と言われることはない。助けられっぱなしの日々は、これまで自分の腕一本で生きてきた漁師たちには、ありがたくも、実につらい日々であった。

いざという時に助けてくれる人がいることは、本当にありがたいことだ。誰かが助けてくれることは、自分が大切にされている証《あかし》である。助けられる時、人は自尊感情を持つことができる。しかし、それだけでは「つらい」のだ。

あの絆ブームは、まさに「元気な人が、かわいそうな人を助ける」ということであったように思う。多くの場所で、「ありがたいが、つらい」ということが起こっていたのではないか。もちろん、あの状況においては助けが来ること自体に大きな意味があった。無縁社会といわれた日本で、支援の輪が一気に広がったことは素晴らしかった。だが、それだけで「絆」と言うのは早計ではないか。「絆」は相互性を持つ概念だ。助けられた人が誰かを助けることができる。それが開かれた絆であり、相互性が担保された絆である。孤立無援の時に助けられ、人は元気になる。さらに、自分に役割があること、つまり使命を担うことによってもっと元気になる。それが「自己有用感」である。「絆」というのは「自尊感情」と「自己有用感」の融合なのだ。

これは野宿者支援の現場においても、繰り返し確認してきた事柄だ。「絆」は相互的であり、また可変的でなければならない。すなわち「助けられた人が助ける人になれる」という変化を担保していなければならない。あるいは、「絆」は同時的であってもいい。「助けられつつ助けている」。それは素敵なことだ。絆ブームは、どうも一方的だったように思える。

悩んだ末、ある提案をした。「相互多重型支援」だ。仰々しい名称だが、中身は単純だ。私たちはまず牡蠣養殖に必要な部材を漁師さんに提供し、支援を行う。その結果、牡蠣養殖は現在では震災前の規模に戻った。それだけなら単なる一方的な支援なのだが、牡蠣ができた時点でそれを販売することにした。殻つきの加熱用牡蠣の販売だ。漁師が育てた牡蠣を、加工場で洗浄、箱詰めして出荷する。この仕事を担うのが、元ホームレスの若者たち。漁師は支援を受けて自らの復興のために努力すると同時に、困窮青年の自立を支援する。困窮青年たちは、自らの自立を目指すと共に被災地の復興を支援する。助けられた人が、助ける人になる。助けられながら、誰かを助ける。そのような相互性の中でプロジェクトは進んでいく。一方、牡蠣を食べる人は、震災復興支援と困窮者支援が同時にできる。牡蠣を食べること自体が社会参加であり、使命を得ることとなる。まさに、一粒で二度おいしい牡蠣である。一つのものに多重の意味が伴う。これが「相互多重型支援」である。

プロジェクトが進む中で、別の漁師からこんな話も聞いた。「このあたりの漁村の多くは、津波が来なかったとしても十年後には廃村になっていたと思う。だから単に復興させてもダメだ」。東北の農業も畜産も漁業も後継者問題を抱えていた。この問題は、震災によって一層拍車がかかった感がある。だからこそ「相互多重型支援」を通じて、多くの若者が漁業の現場と出会えたらと期待する。百人に一人、いや千人に一人でも「漁師になりたい」と言い出す青年が現れることを期待する。まさに「一粒で三度おいしい牡蠣」となるように祈っている。

牡蠣は「笑える牡蠣」と命名した。あの絵手紙の言葉をいただいた。「生きていれば

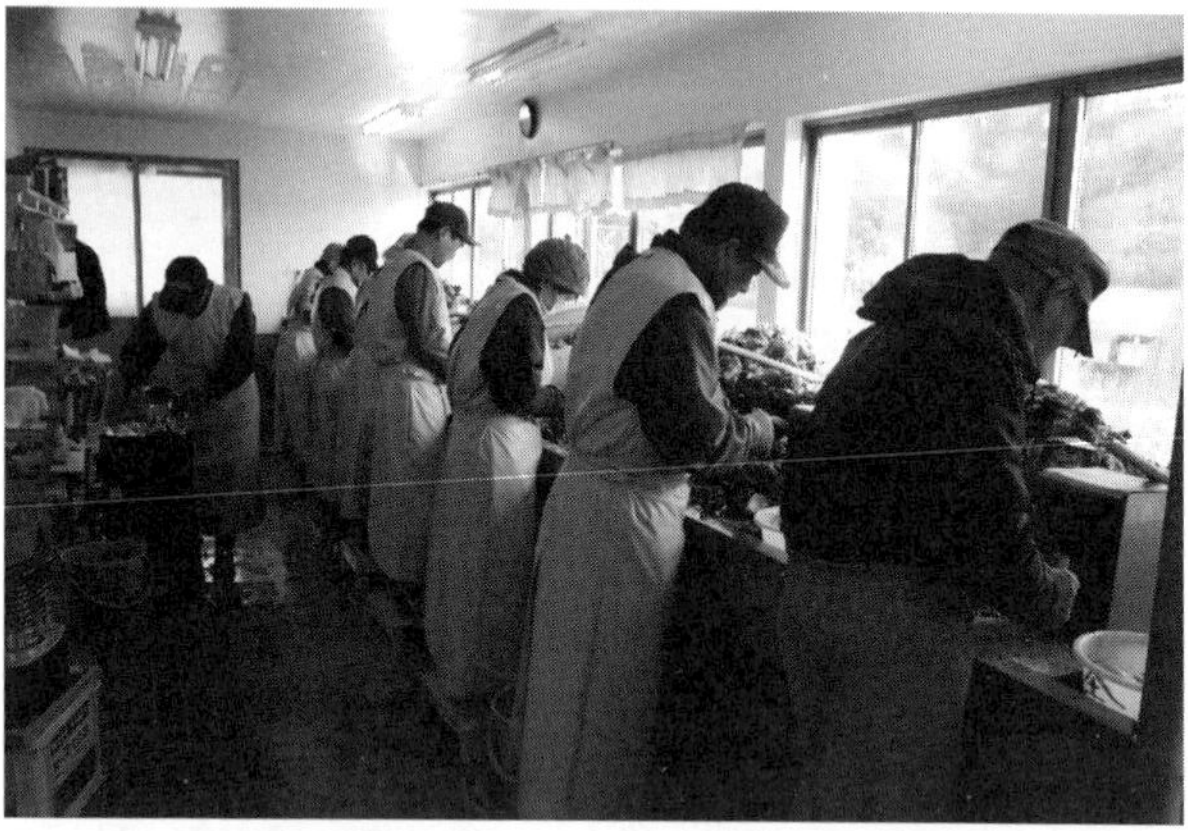

「笑える牡蠣」出荷準備風景

きっと笑える時がくる」。あれから二年が経ち、瓦礫《がれき》は片づけられた。何もない風景が広がっている被災地。失われたものは返ってこない。しかし、一方で震災前にはなかった風景が確実に広がりつつある。震災がなければ出会うことはなかった路上の青年たちが、浜の加工場で漁師と共に働く。生きていれば必ず出会える。漁師は再び笑い始めた。青年たちも笑っている。そして食べる人もきっと笑える。そんな牡蠣の出荷が始まっている。笑うことを忘れた人々に届けたいと思っている。

「笑える牡蠣」は、二〇一三年四月から二カ月間、試験的に販売された。期間中、約一千箱が出荷された。このプロジェクトは、現在、NPO法人「ホームレス支援全国ネットワーク」と「生活クラブ生協」「グリーンコープ共同体」が母体となり結成された「公益財団法人　共生地域創造財団」によって担われている。漁師五名、青年四名が従事。二〇一三年十月より一般向けの販売が始まる。乞う、ご期待。

▼人はなぜ絆を必要とするのか――創造論から

二〇一一年三月十一日以後、世の中が絆一色になっていく中で、私の中で違和感が広がっていった。私自身、これまで絆の重要性を機会あるごとに述べてきた。ちなみにNHK「プロフェッショナル　仕事の流儀」に二度取り上げられているが、二〇〇九年三月の最初のホームレス支援の回のタイトルが「絆が人を生かすから」、二〇一二年四月の二度目の震災支援のスペシャルエディションのタイトルが「絆が、希望を創り出す」であった。どうも、私たちの活動には「絆」が似合うらしい。

だが、「絆」とは何であったのか。無縁社会や自己責任論が席巻していた、それまでの日本。二〇一一年の震災を機に、一気に世界は「絆」へと向かっていった。それ自体は歓迎すべきことである。あれだけの被害に人の心が動かない方が問題だ。しかし、それでもなお残る違和感は一体何か。「お前が言うな」とお叱《しか》りをいただくかもしれないが、私は「絆を疑う」ことから始めねばならないと思っている。

既に述べた絆の問題点は「強い人が弱い人、かわいそうな人を助ける」という一方的な絆のあり方である。結果「重く、つらい」と思わせたところの絆だ。この絆のイメージの根底には「強さ」があった。

そこで、絆とは何かを考えるために、人間とは何かから考えたいと思う。人はなぜ絆を必要とするのか。このことについて、聖書を繙《ひもと》いてみる。

『旧約聖書』創世記に天地創造の物語が登場する。「はじめに神は天と地とを創造された。地は形なく、むなしく、やみが淵《ふち》のおもてにあり、神の霊が水のおもてをおおっていた。神は『光あれ』と言われた。すると光があった。神はその光を見て、良しとされた。神はその光とやみとを分けられた。神は光を昼と名づけ、やみを夜と名づけられた。夕となり、また朝となった。第一日である」（創世記一章一～五節）。神による七日間の創造物語の出だしの部分である。最初、形なくむなしい状態、すなわちカオス（混沌《こんとん》）であった世界が、神の言葉によって秩序づけられコスモス（調和）となる。「混沌《カオス》から調和《コスモス》へ」。これが天地創造のテーマといえる。実際の創造は六日間。七日目、最終日を神は安息日とされた。二日目に空、三日目に大地と海と植物を、四日目には太陽と月と星を、五日目には魚と鳥を、六日目には獣と家畜が創造された。さて、人間はこの六日間のいつ創造されたか。それは最終日の第六日である。最終日、獣と家畜を創造した神はこう仰った。「神はまた言われた、『われわれのかたちに、われわれにかたどって人を造り、これに海の魚と、空の鳥と、家畜と、地のすべての獣と、地のすべての這うものとを治めさせよう』。神は自分のかたちに人を創造された。すなわち、神のかたちに創造し、男と女とに創造された。神は彼らを祝福して言われた、『生めよ、ふえよ、地に満ちよ、地を従わせよ。また海の魚と、空の鳥と、地に動くすべての生き物とを治めよ』」（創世記一章二六〜二八節）。

最後に登場した人間は神の形をいただいていた。神は人を祝福し、「生めよ、ふえよ、地に満ちよ、地を従わせよ」と宣言する。この一連の聖書の言葉は、人間がさも世界の支配者であるかのような印象を与える。キリスト教を基礎に持つアングロサクソン文明が自然に対して支配的で、自然破壊を正当化してきたのは、このような解釈の影響が強いと思われる。しかし、聖書の意図は本当にそうだろうか。人間は支配者として最後に登場したのであろうか。確かに「地を従わせよ」は穏やかではない表現だ。だが、これは、元々「管理せよ」、あるいは「保全せよ」と理解すべきである。人間は、この世界、すなわち神が「カオス・混沌」から「コスモス、調和」へと創造された世界の調和と秩序を管理し保全しなければならないのだ。なぜか。人はこの世界を保全しなければ生きていけないからだ。人の創造が最後であったのは、それ以前のあらゆるものが整えられなければ、人は決して生きることができないからである。海も空も陸も植物も動物も全てが整えられた上でしか、人は生きていけない。人間は弱いのだ。それ故に、人はこの世界を大切に保全しなければならない。自然を破壊するということは、自分が生きるための前提を自ら壊すこととなる。放射能で大地を汚染することは、まさに自己破壊的な行為なのである。

人間は、最後の被造物である。先のものが揃《そろ》っていて何とか生きている。「生かされて生きる」とはこのことである。だから人は、他との関係、つまり絆の中でしか生きていけないということになる。いつまでも支配者面で偉そうにしていると、とんでもないことになってしまう。最後にやってきた新参者が末席を汚しているぐらいの謙虚さと、神の創造された調和ある世界を保全する役割を与えられたという気概が、人には必要なのだ。

▼人はなぜ絆を必要とするのか——進化論から

進化論は聖書の創造物語と対立するとされてきた。アメリカの保守的なキリスト教徒は公立学校で進化論が教えられることを違法だと訴えたほどである。しかし、この両者は果たして対立概念だろうか。

例えば、登場のタイミングでいうと両者とも最後に人類が登場する。地球の進化を一年間のカレンダーに置き換えると、ホモ・サピエンス（新人）が登場するのは十二月三十一日午後十一時三十七分だといわれている。やはり、最後の最後で人類が登場する。それは、人類が進化の最高到達点に立ったということを意味しているともいえるが、私は最後にしか登場できなかったのだと言いたい。理由は、創造論と同じで、他の存在が整っていなければ人類は生存できないからだ。元来人類は孤高な存在にはなり得ない宿命を持っている。

そもそも進化とは何か？　辞書的には、物事が進歩、発展し、より優れたものになることを進化と捉えてきた。だから、進化論においてはサルよりも人間の方がより進化しており、優れているということになる。確かに、サルには到底できないことを人類はやってのける。しかし、人類は本当に進化したのか。

進化論について興味深いレポートがある（NHKスペシャル取材班『ヒューマン』角川書店、二〇一二年）。アメリカのデラウェア大学古人類学者カレン・ローゼンバーグ博士は、骨盤の形を解析することから進化を語る。従来、人間の進化において重要なポイントとされてきたのは道具や言語の使用であり、狩猟活動などに焦点があてられていた。博士はこれを男性の活動が注目されたためだと考える。だが、博士が最も注目したのは出産の仕方であった。人類と他の霊長類では出産の仕方がかなり違うというのだ。直立歩行の結果、骨盤が狭くなり産道が複雑に曲がり、子どもが旋回しながら生まれてくる。脳の肥大もあって、人類の出産は難産となってしまった。私自身、子どもの出産に立ち会ったが、通常出産であったとしても、ものすごい痛みと苦難の中で子どもが生まれることは事実だ。まさに、命がけの瞬間である。四足歩行のチンパンジーは一人で出産するし、自分で自分の子どもを摑んで産まれてくるのを助けることができる。しかし、人間は骨盤と背骨の位置関係からしても、自分で取り上げることは難しい。進化の結果、人間は難産となり、他の人の介助がなければ産むことができなくなったと博士は指摘している。その結果、子どもを取り上げてくれる人、助産役が必要となり、家族や社会が生まれたというのである。

進化とは、より優れたものになることかというと、それだけではない。進化は、弱くなることでもあったのだ。「難産」という弱さこそが、私たちを結び合わせたのである。弱さが絆の根拠となる理由がここにもある。とかく弱いことを忌避する現代を生きる私たちに、この事実は人間とは何かを今一度考えさせる。弱かったから人間になれたのだ。いまさら、「自己責任でやれ」「一人でやれ」と言われると、それは「サルに戻れ」と言うに等しい。私たちが誇り高い人類であり続けたいと思うのならば、それは弱さを誇る生き方をすることに他ならない。一人では産むことができないという宿命的弱さを、どれだけ大事にできるのかが問われていると思う。

かつて教育学者の林竹二が「創世記」という授業をした記録が残っている（『林竹二・教育の再生をもとめて』筑摩書房、一九七七年）。その中で林は、進化の過程を次のように述べている。全ての生き物は、水の中から生まれた。水の中の生物が増え始め、最善の深さのところを占領するものが現れる。弱いものは浅い水際に追いやられた。「ところがそのよわいものの中から陸でも水でも生きられる両棲類《りょうせい》がうまれる。その中のよわいものは、時には水の全くなくなるようなところにすむほかない。そこから陸上の動物が生れてくる。水が引いても、そういうところに生きられるような生き物が、だんだん出来てくる。こうして弱者の間から、次の時代の花形が出現する……」。

進化とは「弱者の系譜」なのだ。そこに次代の花形が登場する。現在、幅を利かせている者どもを相対化させる対抗文化となるのが、追い出された弱者なのだ。そのような予感が、私を路上の闇に通わせているのだと思う。聖書は、イエスは十字架に架けられた最初の敗者であったが、その方が同時に救い主であったと宣言する。私はそこに希望を見てきた。強い人が弱い人を助けるのではない。弱い者同士だから絆が必要だったのだ。そして、その弱さや貧しさを背負わされた者たちが、新しい絆をつくり出したのである。

▼絆のモノ化——私とそれ

弱さを絆とすることは、人間が人間に留まることだ。サルのような強さもなく、誰かの助けが必要であることを認めることに他ならない。それが絆の根拠である。しかも、この弱さの自己認証というものは、「敗北的に」なされなければならないと思う。敗北的というのは、自分が胸を張って選ぶというのではなく、もうそうせざるを得ないという状態で、いわば降参状態で認識することである。敗れる経験が、人を絆に向かわせる。

だが、中には、そうではない形で絆を結ぼうとする人が現れる。あるテレビの討論番組にゲストで出た時のこと、担当のディレクターから興味深い話を聞いた。会社経営をされている方で日ごろは「過労死は自己責任」と言い切るような人物が、最近趣味のサークルに通うようになったと言っているという。その方いわく、老後を考えるとやはり友達が必要だ、一人では生きていけない、とのこと。自己責任論者の猛烈経営者もかわいいことを言うものだと、驚きつつ、親しみをも感じつつその話を聞いていた。しかし、その次の一言は、絆とは何かを考えざるを得ない一言だった。「自分にとって、趣味のサークルで友達をつくることとは、老後のためのリスクヘッジだ」と、社長は言うのだ。

この方は、人間が一人で生きてはいけない弱い存在であることを認識されている。老後を心配するような年齢になったことも、健全な弱気を認識するには役立ったのだろう。だが、そこで言われる「リスクヘッジ（危機回避）」は絆なのだろうか。

震災直後の二〇一一年五月十五日の「朝日新聞」に次のような記事が載った。「東日本大震災をきっかけに、生涯のパートナーを得ようとする人が増えている。都市部の女性を中心に結婚相談所への照会が相次ぎ、会員同士で成婚して退会するケースが急増。（中略）未曾有《みぞう》の災害に直面して孤独感にさいなまれ、人との絆を持ちたいとの思いが広がった、との見方もある。（中略）東京都内に住む一人暮らしの会社員女性（30）は、大型連休中に結婚相談所に登録した。震災当日に帰宅困難となり、6時間歩いてマンションにたどり着いた。その後も余震に敏感になり、寝つけない夜も増えた。『将来への不安が膨らみ、家族を作ることの大切さを痛感した。人と絆を結ぶ努力をしたい』」。

震災によって明らかになった古くて新しい課題は、まさに「人は一人では生きていけない」であった。後に「震災婚」と呼ばれた現象であったが、この一件は、いわば「当然の反応」だったともいえる。

それでも疑問は残る。絆とは何であるのか。確かに人は、一人では生きていけない。だから「自分が安心安全に生きるために絆が必要だ」と考える。だが、そこにおける相手は、結局のところ自分が生き延びるための「手段」になっていないか。絆の手段化、あるいは

「絆のモノ化」というべきか。私が持つ違和感はそこにある。結婚相談所の盛況も、老後のためのサークル活動も、リスクヘッジとしての絆を求めての行動だとすると、そこで見出した絆は、いずれ破綻《はたん》すると思う。なぜなら、そこで期待されている絆は、一方的で、相互性も可変性もないからだ。何よりも、それは人と人との人格的な出会いであろうか。絆は本来、「私とあなた」という人格的関係において成立する。対等な関係が前提なのである。

相手に対して守ってほしい、助けてほしいと思うことはよい。私は弱いのだから。しかし、忘れてはならないのは、相手もまた弱い人間だという現実だ。相手もあなたに守ってほしいと思っている。「〜してもらう」ばかりを想定して結婚してみても、現実は「〜してあげる」が半分ついてくる。前者はリスクヘッジになるとしても、後者はややもすればあなたの安心と安全を脅かすことになる。だが、絆を結ぶとはそれを覚悟することに他ならない。

人が、自分の安心安全を確保するためにいつか他者を利用し始める。絆が手段となり、モノ化する。相手をリスクヘッジの手段とした時点で、私たちは、相手を道具に貶《おとし》めている。これはユダヤ人思想家のマルティン・ブーバーがかつて『我と汝』によって指摘した問題である。私たちは「私とあなた（我と汝）」という人格関係によって結ばれる。その際の相手（汝）は、独立性を持つ人格としての他者である。そのような、私とあなたの関係が絆であるのだが、人は、いつの間にか相手を自分の目的のための手段として利用し始める。その時「私とあなた」という人格的関係は崩壊し、「私とそれ」という、モノとの関係となる。相手は、私の所有物となり、私の従属性の内に置かれ、独立した人格としての他者性を失ってしまう。モノ化されたのであるから、そこにはいのちは存在しない。さらに、相手がモノ化されて他者性を失ったことにより、自分さえ見失う。なぜならば、人は他者を通して自分を知るからだ。

リスクヘッジとしての友達も、震災婚でのパートナー探しも、気持ちはわかると言いたいが、それは絆ではない。他者利用という絆の手段化は、震災によって一層進んだのかもしれない。

▼絆は傷を含む――タイガーマスク現象とは何であったのか

一方、相変わらず一人で頑張ろうとする人も少なくない。震災で絆がブームになりつつも、日常的には出会いを忌避し無縁化が進んでいく。なぜだろうか。

震災前、二〇一〇年のクリスマスに群馬県の児童相談所にランドセル十個が送られた。これを送った人物は「伊達直人」と名乗っており、それは一九六〇年代末から七〇年代初めにマンガ雑誌やテレビアニメで人気を博した「タイガーマスク」の主人公の名前であった。その後、同じような支援の輪が全国に広がり、「タイガーマスク現象」と呼ばれるようになった。

無縁社会や孤族の時代が問題となっていた時期であったのでタイガーマスク現象は、私たちに「どっこいこの社会も捨てたものではない」という気持ちを取り戻させてくれた。何よりもタイガーマスクの評価すべきことは、匿名性にある。これはチャリティにおける原則的なスタンスだ。聖書でも「施しをする場合、右の手のしていることを左の手に知らせるな」(「マタイによる福音書」六章三節)とまでイエスは言っている。善行は隠れてやるのがよい。この点、私も二度も「プロフェッショナル」に出演している場合ではない。そもそも「謙虚」や「謙遜《けんそん》」は、日本人にとっても大切な倫理であり、タイガーマスクの

「匿名性」に清々《すがすが》しさを感じていた人は少なくないと思う。

しかし、絆という視点でこのタイガーマスク現象を見直す時、私は無縁社会や孤族の時代が生み出した独特の課題を見る気がする。「いい話」ですませてはならないと思う。

私は「タイガーマスク」を評価している。何万円もするランドセルを何個もプレゼントするというのは、並大抵の気持ちではない。長年多くの方々のカンパをいただきホームレス支援活動を行っている者として、その行為のすごさは身に染みてわかる。しかし、それでもなお私はタイガーマスクを疑う。それは、絆を疑ったのと同じである。私は、タイガーマスクが評価されるポイントの一つである匿名性自体に疑念を感じるのだ。

なぜ匿名なのか。謙虚さか。それだけだろうか。私は匿名の意味として、出会いの回避があったと思う。無縁社会とは出会い回避の社会であり、タイガーマスクも時代の子に他ならないのではないか。

なぜ、出会いは回避されるのか。出会うとはどういうことかを私たちは身をもって知っているからだ。つまり、一言でいうと、出会いは煩わしく、絆はうっとうしいのだ。ある講演会に呼ばれた時、質疑応答で一人の女性が手を挙げた。「いつも会社の行き来の際に駅に座っているホームレスのおじいさんを見かけます。一声だけでも掛けてあげようと思うのですが、どうしてもできません。どうしたらいいでしょうか」という質問だった。彼女はこの他にも、たまにはお弁当の一つでも買ってあげたいが、やはりできないと言うのだ。「声を掛けられたらいいと思います。きっと喜ばれますよ」と答えると、彼女は「どうしてもできない」と言う。「なぜ、声を掛けられないのですか」とその理由を尋ねると、彼女はこう答えた。「声を掛けて、もし、家までついてこられたらどうしようかと心配で、声を掛けることができません」。彼女は真剣だった。私は思わず「そんな人はいないでしょう。勇気を出して声を掛けてくださいね」と言ったのだが、彼女の言いたいことはわかる。まさに、それが出会うということなのだ。

彼女が一旦ホームレスのおじいさんと出会ってしまうと、もう「知らない」とは言えなくなる。「出会った責任」が問われるからだ。お弁当のことで考えると一層わかる。勇気を持ってお弁当を渡したとする。しかし、翌日も彼女は、そのホームレスの前を通る。たとえ相手が何も言わずとも、彼女にはその人が「今日は、お弁当はないの」と言っているように感じてしまう。これが出会うということのしんどさなのだ。出会うということは、もはや私が私でいられなくなることである。私の中に、出会った人が住み始めるのだ。その人の存在が私の一部となる。自分だけで生きている間は、自分の想定内で自由勝手にやりくりできている。しかし、一旦誰かに出会ってしまうと、想定通りにはいかなくなる。それが出会うという意味であり、絆を結ぶということなのだ。

このような感覚が強まった背景に、やはり「自己責任の呪縛」があるように思う。「自己責任」は、主に困窮者本人に対して投げかけられた言葉であった。困窮状態に陥った原因も、そこから脱することも困窮者本人の責任だと言い切る。また、自己責任だから社会や周囲は助けなくていいという、社会の無責任化を招いた。自己責任も大事だが、しかし、本当の意味で自己責任を果たすには、社会や周囲の支援、あるべき社会保障などが、きちんと行われていることが前提となる。

ホームレス状態の人を考えてみよう。住居さえない人に対して、「自己責任だからハローワークに行って働け」といくら言ってみても始まらない。登録する住所すらない人が、ハローワークを利用できるだろうか。ならば、社会の側が「住居は準備しよう、風呂にも入ってください、ご飯も食べてください」と支援した上で、「これでハローワークに行かないのなら、それはあなたの責任だ」と言えばよい（そもそもハローワークに仕事があるかは、また別問題だが）。通りがかりの他者を含めて、社会が行うべきことは、「自己責任を果たさせるための支援」である。人生の選択が自分自身でできること、さらに選択したことに責任を持つことは、人間の尊厳にとって欠くべからざることだ。個人が自己責任を果たせる社会をつくるために、社会がまず責任を果たすことが大切だ。残念ながら「自己責任論」が社会との対概念になっていないばかりか、人と関わらないための理屈になっている。

さらにこの構造は、困窮者に対してのみならず支援する側にも向けられる。「誰かを支援したいのなら、自分一人で責任を負って最後までやれ」というプレッシャーが支援者に投げかけられる。先に紹介した質問者も助けたい気持ちはあるが、一人ではやり切れないという現実に気づいている。本来社会は、そのような「善意の第三者」が「持続的な伴走者」になるための支援を行わなければならない。私自身ホームレス支援のＮＰＯの代表をしているが、このような活動に参加できる人は特別強い人ではない。困窮者支援とは「強い人が弱い人を助ける」ということではなく、弱い人間同士が共に生きることだ。「一人じゃとてもできない」ということを知っている弱い人たちがチームをつくる。ＮＰＯなどの組織の存在意義はここにある。一人じゃダメという現実は、困窮当事者と支援者を貫く事実なのだ。弱いからこそチームが必要となる。自己責任論社会では、誰かを支援することもままならない。

さて、話をタイガーマスクに戻そう。タイガーマスクの匿名性の背景には、あの質問者の女性が持ったのと同様の心配があったのだと思う。だから、会って渡せなかった。直接渡すと子どもたちが自分の中に住み始めるからだ。会ってどうする。それ以上の関わりは自分にはできない。さらに「支援するのなら最後まで責任を持て」という自己責任論が追い打ちをかける。そんな思いが匿名性の根拠となったのではないか。「誰かの役に立ちたい」という気持ちと裏腹に「出会うのが怖い」という気持ちもある。出会うとリスクを負うからだ。チームを組んだとしても、出会いのリスク自体はゼロにはならない。

タイガーマスクは、失われたと思っていた絆がどっこいつながっていることを証明してくれた。だが、その出会いは本来「ファースト・コンタクト」にすぎない。第一段階があれば、必ず次のステップが生まれる。だが「怖くて」次の段階、すなわち「顔の見える関係」への一歩が踏み出せない。それは実にもったいない。

直接出会うと、「善意の第三者とかわいそうな子どもたち」というステレオタイプの中に安住できなくなる。「心地よい」ではすまなくなる。しかし、出会いが次の段階の「私とあなた」という人格的な関係へと進み、絆が結ばれることにより、お互いのよさのみならず、限界をも含む現実が見えてくる。ホームレス支援の現場も、出会いは美しいだけではない。喜んでもらえるだろうという一心で、お弁当を届ける。喜んでくださる方もいる。が、時には「こんな弁当食えるか」「お前は俺たちのことを憐れんでいるんだろう。若造のくせに」などと言われ、お弁当を捨てられたこともある。二十五歳でこの活動を始めた頃は、そんなことはしばしばあった。これは全くの想定外だった。裏切られること、ウソをつかれること。そんなつらい体験が足を重くする。格好よく始めたが、もう止めようかと思ったことが何度もあった。「かわいそうな当事者と善意の第三者」という構図はすぐに崩壊した。生身の人間のぶつかり合いの中で、私たちは傷ついた。同時に、親父さんたちを傷つけた。

直接的な出会いが、大変リスキーであることは明白な事実だ。しかし、これを怖がっていては何もできない。匿名性という安全地帯に身を置いたままでは、何も変わらない。それでは出会ったことにならない。

　自己責任論は、自分たちの「安心安全」を確保するための出会わない理由、助けない理由であった。私たちは、リスクヘッジ、つまり危機を回避するために「自己責任」という言葉を巧妙に用い、他者との関わり自体を回避した。でもそれで本当に安全を手に入れたのだろうか。いや、この安全の確保が私たちを孤独にしたのだ。それは人間にとって最も危険なことではないのか。人と人が本当に出会い絆を結ぶ時、喜びは倍加する。しかし傷つく。それは避けては通れない。出会った証と思えばいい。長年支援の現場で確認し続けたことは、「絆（きずな）は傷（きず）を含む」ということだ。傷つくことなしに誰かと出会い、絆を結ぶことはできない。誰かが自分のために傷ついてくれる時、私たちは自分は生きていていいのだと確認する。同様に自分が傷つくことによって誰かが癒《いや》されるなら、自らの存在意義を見出せる。絆は、自己有用感や自己尊重意識で構成される。これが絆の相互性という中身だ。

　灰谷健次郎の代表作『太陽の子』の中に次のような一節がある。「いい人ほど勝手な人間になれないから、つらくて苦しいのや。人間が動物とちがうところは、他人の痛みを、自分の痛みのように感じてしまうところなんや。ひょっとすれば、いい人というのは、自分のほかに、どれだけ、自分以外の人間が住んでいるかということで決まるのやないやろか」（理論社、一九七八年）。すごい言葉だ。灰谷から多くを学んだ。ただ、別に「いい人」になる必要などどない。「いい人」と言ってしまうのが灰谷の限界かもしれない。だが、灰谷は「人間は」と言いたかったのだと思う。灰谷は、人間とは何かを示している。私たちはサルではない。進化を遂げ、弱々しくなった人類である。だから傷つくのだ。出会いの中で、もうそれまでの自分のままでは生きることができず、苦悶《くもん》するのが人間だと灰谷は言いたかったのだろう。「人間は勝手に一人で生きていけないから、つらくて苦しいのや」と。私は正直にいうと、誰かと出会うことが怖い。傷つくからだ。リスクを回避するためには二つの道しかない。直接出会うことを避けようと努力するか、あるいは傷ついても倒れない仕組みをつくるかだ。

答えは、当然後者だ。社会は傷を分配する仕組みである。自己責任や身内の責任のように、一部の人に傷を負わせるのではなく、再分配する。それが、社会というものだ。タイガーマスクが胸を張って正体をバラすことができる社会をつくりたいと思う。誰かが死ぬほど傷つくのではなく、赤の他人がどれだけ傷を分かち合えるのか、その仕組みを考えたい。社会が社会として責任を果たすことが前提となる時、個人が他者との関わりにおける責任とリスクを負うことができる。いわば「健全に傷つくことができる」ことを保障するのが社会なのだ。地域やボランティア、NPOは、いわば「人が健全に傷つくための仕組み」だといえる。

絆の傷は人を生かす傷である。致命傷にしてはならない。独りよがりの自虐的な傷でもない。国によって犠牲的精神が吹聴《ふいちょう》される時代の危険を認識しつつも、他者を生かし自分を生かすための傷が必要であることを確認したい。絆とは「傷つくという恵み」である。二十二年間の路上の支援で、多くの傷を受けた。正直、しんどかった。でも、自分のような者が生きていていいのだと、常に励まされてきた。

▼助けてと言うこと——誇り高き人間として生きるために

私たちは、無縁を乗り越えられるだろうか。中身はともかく、「絆のブーム」はどこかに行ってしまったのか。私たちは、再び無縁の闇へと呑《の》み込まれるのか。

皆が傷つくことを恐れている。「他人と関わる余裕はない」との言いわけが正論に聞こえるほどに、貧困と格差は今後も広がっていくだろう。そんな中、それでもこの事実は変わらない。「人は一人では生きてはいけない」。

絆を紡ぎ直すために、一つの言葉が必要だ。それは「助けて」だ。この言葉が新しい社会を形成する。あなたは最近誰かに「助けて」と言ったことがあるか。もし「助けて」と言っていないのであれば、それはあなたが社会形成に関与していないことになる。なぜなら、この言葉こそが社会形成におけるキーワードであるからだ。「助けて」と言える、これこそが社会が社会であるための根拠だ。

しかし、現代は「助けてと言えない社会」である。いや、「助けてと言わせない社会」だ。小学生を対象に「ホームレス支援の講座」を開催したことがある。朝から様々な講座が開講された。そして、最後の講座は、自立された元ホームレスの親父さんが登場して、子どもたちに直接語りかけるというものだった。子どもたちは、少々緊張しつつ親父さんの話に耳を傾けた。「おじさんは六十歳になるまで、建築会社の寮で働いていました。でも、ある日社長さんがやってきて『君はもう六十歳を過ぎたから辞めてください』と言われ、その日のうちに寮を出ることになりました。でも、おじさん、まだまだ働けるという自信もあったし、自分で何とかするしかないと思っていたので、ホテルに泊まりながら、新しい仕事を探しました。でも、ちょうど景気も悪くなって、どこも雇ってくれません。持っていたお金も底をつき、もうどうしようもない状態になりました。こうなったら、自分で自分の始末をつけるしかないと思って、山に登って死のうとしました。でも、おじさん死ぬこともできなかった。その後、町に戻って本格的にホームレスになりました。来る日も来る日も残飯を漁って食べていました。『エサ取り』と言って、わずかな食料を奪い合うように食べていました。そんな状態で何カ月か経ったある時、病気になって道端で倒れてしまいました。通りがかりの人が救急車を呼んでくれたようで、気がつけば病院のベッドの上にいました。そうしたらね、看護師さんは親切で、お医者さんも親身になってくれました。役所の人も来てくれた。NPOの人もやってきて相談に乗ってくれました。あのね、おじさん自分で頑張るしかないと思って生きてきたんだけれど、この世の中には助けてくれる人はいたんだよ。『助けて』と言えた日が助かった日だったよ」。親父さんは集まった子どもたちに語りかけた。小学生の多くが目に涙をためて聴いていた。司会の私が

「みんなも、学校で苦しいことや悲しいこと、もう、死んでしまいたいと思うことがあったら『助けて』って言っていいんだよ。『何を甘えているんだ』と言う人もいるよ。でもね、うちにおいでと言ってくれる人は必ずいる。『助けて』と言いなさい」と言うと、涙をこぼす子どもがいた。

子どもたちを追い詰めているのは私たち大人だ。先の問いを繰り返す。最近誰かに「助けて」と真顔で言ったことがあるだろうか。戦後社会は頑張った分、成果が出た時代であった。しかし今は違う。でも、大人たちは、そのことも理解せず、「何で頑張らないんだ。頑張れば何とかなるはずだ。お父さんの時代はなあ……」などと言う。頑張れたことは素晴らしい。だが、もし、その結果子どもたちが「助けて」と言えなくなっているとしたら、それでいいのだろうか。子どもたちがある日突然、誰にも「助けて」と言うこともなく自らいのちを断つ。そんな社会は間違っている。

しかし、かくいう私自身、実は「助けて」となかなか言えない人間だった。大体牧師などというのは歪んだ商売だと思う。なぜなら、他人の相談には何時間でもつき合うが、自分のことは誰にも相談しないタイプが多い。愛することにどれだけ長《た》けていても、愛されることにはへたくそ。そんな人間は歪んでいる。一見、他人のことに懸命な、わが身を顧みない「いい人」に見えるかもしれないが、その頑張りが子どもの口を塞《ふさ》いだとしたらどうだろうか。

私の長男は、中学入学とほぼ同時に不登校となった。周囲がその理由に気づいた頃には、既に手遅れだった。いじめは、息子をどんどん追い詰めていった。一学期途中から学校に行けなくなり、二学期も、三学期も行けなかった。二年生になり、ますます事態は深刻に。息子は、生きるか死ぬかというところまで追い詰められていった。本当に死んでしまうのではと心配することが何度も起こる。児童相談所はもちろんのこと、精神科にも通ったが、何の効果もない。二年生の夏頃、いよいよ目が離せなくなり、夜は息子の横で寝ることにした。すると今度は、私が体調を崩した。秋には三週間入院した。喉頭痙攣《こうとうけいれん》と呼ばれるもので、原因不明の呼吸困難に陥る。三週間の入院中、息子はほとんど見舞いに来なかった。寂しかった。最近になって来られなかったのだと知った。それは、路上で出会う青年と話していて気づかされた。かつてのホームレスと違い、彼らは家族のいる世代。だから、当然実家に戻るように説得する。しかし、彼らの多くがこう答える。「こんな格好じゃ帰れない。これ以上親に迷惑かけたくない」。息子は、自分の不登校がきっかけで父親が倒れたと思っていたと思う。だから、父親の病室に顔を出すことを躊躇《ちゅうちょ》したのだと今は思う。

秋も深まった頃、事態は動き始める。「背水の陣」という言葉があるが、あの時がまさにそうだった。いよいよ追い詰められた息子は、「僕はもうこの町にはいられない」と断腸の思いで決断し、自らインターネットである南の島を見つけた。沖縄県八重山諸島にある鳩間島という孤島だった。その島は、島民約五十名、警察も病院もない。ただ、竹富町立の鳩間島小中学校が島の唯一の公共機関として存在していた。息子は、この島の学校に転校したいと言い出したのだ。死にたいに比べれば、転校したいは親にとっては希望だった。それに賭けてみることにした。十二月には母親と下見。年明け一月には私がついて体験入学をした。そして二月初旬。息子は単身この島へと旅立っていった。

ともかく遠い。九州からでも一日かかる。福岡から飛行機で那覇《なは》へ。那覇で乗り換え石垣へ。その先は船になる。西表島《いりおもてじま》から鳩間島。二月の八重山は北風が吹く。すると高速船が出ない。となると西表島までは行けても、その先は漁船に乗せてもらうしかない。だが、私たちは、息子を一人で行かせることにした。これから彼は一人になるのだから。

一月の体験入学に訪れた時、そのような親子が島に来ていることは小さな島にはすぐに伝わる。夕食が終わった時、滞在していた民宿に仲宗根という人から電話がかかった。自宅を訪ねるようにとのことだった。おっかなびっくり初めての島で、初めての人を訪ねる。迎えてくださったのは仲宗根豊さんと結十子《ゆとこ》さん。「あんたたち、何でこの島に来たのかね」の問いかけに、私はこの二年間の出来事を話した。じっとその話に耳を傾けてくださった仲宗根さんが、「そりゃ、大変だったね。だったら、この島来たらいいさ」と仰った。私は手をついて「助けてください」というのがやっとだった。涙が溢《あふ》れた。

息子は、その数週間後、鳩間島へと旅立った。それから一年数カ月、サンゴ礁の美しい島で彼は生き、今は大学生となった。「この世の中には助けてくれる人はいたんだよ。『助けて』と言えた日が助かった日だったよ」。あの親父さんの言葉は本当だった。

しかし、実は、あの日、私の中にもう一つの声が聞こえていた。それは、私を孤立に誘う声だった。「お前は親ではないか。最後まで息子の面倒を見るべきだ。初めて会った赤の他人に息子を押しつける気か。お前は何て恐ろしいことをしているのだ」。もし、あの時、私がこの自らの声に応え、自己責任論や身内の責任論に留まっていたならば息子は死んでいたかもしれない。

子どもたちに観てもらおう。本当にカッコイイ大人とはどんな大人かを。「助けて」と言える大人がどれだけ格好いいかを。「助けて」が新しい社会を形成する。

今、新しいプロジェクトが始まろうとしている。それは、子どもたちを死に渡さないためのプロジェクトだ。私は、小学校や中学校から「ホームレス」についての授業の依頼があると、できる限り受けるようにしている。子どもたちがホームレスや貧困の問題に触れることは大事だし、何よりも子ども自身が苦しみ、悩んでいる時代なので、ともかく「助けてと言いなさい」と伝えたいからだ。

しかし、最近話すことがしんどくなりつつある。授業では、ホームレス状態について話すのだが、その意味の本当のところは私にはわからない。冬の寒さも、ひもじさも知らない。私は野宿をしたことがないからだ。子どもたちに本当に大切なことを伝えるためには私の言葉だけでは足りない。「当事者」の言葉がどうしても必要だ。

ホームレスから自立された方々の互助会である「なかまの会」の世話人会にお邪魔した時、率直にそのことを申し上げた。そして「子どもたちのために学校を訪問するドサ回り一座を興したい」と提案した。一座の目的は一つ。子どもたちに次のことを伝えることだ。「人生には思いもよらないことがある。家がなくなることもある。家族を失うこともある。無視されることもある。孤独な日もある。いじめられ、襲撃されることもある。お腹が減ってどうしようもない日、寒くて眠れない夜。もう死んでしまおうと思う日さえある。おじさんたちは、そんな日を過ごしてきた。でも、きみたち、そんな時は『助けて』と叫ぼう。そうすれば新しい出会いがきっとある。死んではいけない。生きてさえいればきっと笑える日が来る。そのことを伝えに来たんだ。だから、死なないで。生きて笑おう」。「当事者」が語る言葉にこそ意味があると思う。子どもがある日突然、「助けて」も言わず死んでいくような社会がこれ以上続いてはならない。子どもたちに「生きろ！」と腹の底から伝えることができるのは、私ではなく、まさに死線を越えてきた先輩方だ。

授業内容は、ワークショップあり、芝居あり、歌あり笑いあり、そして涙ありの大舞台にしたい。段ボールハウス作成講座……段ボールハウスをつくる技術をおじさんたちが教える。できた段ボールハウスで寝てみる。襲撃体験などもしてみよう。仕事については、空き缶集めのテクニック伝授。どうやって食べ物を集めるか。腐ったものの見分け方。そして「助けて」と言う技術……人にはプライドがあるので、そう簡単には「助けて」とは言えないが、自分のプライドを傷つけずに「助けて」と言える技術を身につけよう。そして、助ける人になるということ。

最後に出演者全員が自分の野宿体験、すなわち最も苦しかった日のことを語りながら、「生きてさえいればきっと笑える日が来る」と宣言する。そんな授業ができればと思う。

現在カリキュラムを検討している。一座の名前は「生きてさえいればいつかきっと笑える日が来る一座」。略して「生笑《いきわら》一座」とした。被災地を支えたあの絵手紙の言葉をいただいた。名前に恥じぬ、いのちの一座を目指したい。茂木さんをゲストに呼べる日をみんなで楽しみにしている。

傷つきながらも、「絆」を結ぶ。人として、ただ人として生きたい。

あとがき

今、こうして奥田知志さんとの対談に、自分が一読者になった気持ちで改めて触れてみると、そこに、まるでろうそくが一本点《とも》ったような、温かさを感じる。

温かさをつくるものは、人と人との触れ合いだろう。「プロフェッショナル　仕事の流儀」という番組がきっかけとなって、私は奥田さんと出会った。それ以来、さまざまな機会に、奥田さんとの対話を重ねている。奥田さんと出会うことで、私の世界は、間違いなく広がった。

改めて、人と人との絆の大切さを感じざるを得ない。

イギリスの人類学者ロビン・ダンバーは、さまざまな種の猿の群れにおける「毛繕《けづくろ》い」行動を観察し、興味深い知見を得た。すなわち、お互いに毛繕いをする群れの大きさは、その猿の大脳新皮質の大きさとほぼ比例する。大脳新皮質が大きいほど、毛繕いをする猿の群れも大きくなるのである。群れの中の関係性を処理するために、脳の容量が必要とされるらしい。猿にとって、毛繕いをすることは、一つの「絆」の表現。お互いに毛繕いをし合う個体は、トラブルが起こった時に助け合うという観察事実もある。

人間と人間のコミュニケーションにおいて、猿の毛繕いに相当するのは、言葉だろう。お互いに言葉を交わすことで、私たちは絆を確認し、困った時には助け合うという気持ちを持つ。「助けて」という言葉を発することで、人間が本来持っている他人を思いやる気持ちが活性化する。

ダンバーによれば、人間の大脳新皮質の大きさからして、お互いに絆で結ばれた友人の数は、一五〇人くらいいるはずだと推定される。この「約一五〇人」という数字を、ダンバー数と呼ぶ。友人の数が多くなれば、当然関係は複雑になるが、そのネットワークを解きほぐすためにも、私たちの脳は大きくなっているのである。

友人の数は、一五〇人。

この数字を読んで、どのように感じるだろうか。これは、私たちの脳の容量から理論的に予言される数値である。多くの人は、実際には、そんなに友人はいない、と感じるのではないか。

私たち人間は、友人関係の構築においては、脳の潜在的可能性を十分に活かしきれていないのかもしれない。逆にいえば、人との絆を結ぶことこそが、脳を活かし、私たちの生を充実させる道だということになる。

人は、人と結んでこそ、生を全うすることができる。そんな古来の人生の知恵を、現代科学もまた、裏づけつつある。

みなさんも、もっと多くの人と、結び合いませんか？　人と出会うことで、自分の中の潜在的な力を、開花させませんか⁉　そこには、きっと楽しく、心からうれしくなるような、生き方が待っています！

本書をつくる上では、集英社文芸書編集部の鯉沼広行さんに大変お世話になりました。また、文章をまとめる上では石田さやかさんにお手伝いいただきました。お二人に、心から感謝いたします。

二〇一三年六月　博多に向かう新幹線にて

茂木健一郎

奥田知志（おくだ　ともし）

一九六三年滋賀県生まれ。日本バプテスト連盟・東八幡キリスト教会牧師。ＮＰＯ法人「北九州ホームレス支援機構」理事長。関西学院大学神学部大学院修士課程修了。西南学院大学神学部専攻科卒業。九州大学大学院比較社会文化研究科単位取得退学。ＮＨＫ『プロフェッショナル 仕事の流儀』等に出演。著書に『もうひとりにさせない』他。

茂木健一郎（もぎ　けんいちろう）

一九六二年生まれ。脳科学者。東京大学理学部、法学部卒業後、東京大学大学院理学系研究科物理学専攻課程修了。理学博士。理化学研究所、ケンブリッジ大学を経て、ソニーコンピュータサイエンス研究所シニアリサーチャー。

「助《たす》けて」と言《い》える国《くに》へ

集英社新書〇七〇三Ｂ

二〇一三年八月二六日　第一刷発行

著者……奥田《おくだ》知志《ともし》／茂木《もぎ》健一郎《けんいちろう》

発行者……加藤　潤

発行所……株式会社集英社

東京都千代田区一ツ橋二‐五‐一〇　郵便番号一〇一‐八〇五〇

電話　〇三‐三二三〇‐六三九一（編集部）
〇三‐三二三〇‐六三九三（販売部）
〇三‐三二三〇‐六〇八〇（読者係）

装幀……原　研哉

印刷所……大日本印刷株式会社　凸版印刷株式会社

製本所……加藤製本株式会社

定価はカバーに表示してあります。

© Okuda Tomoshi, Mogi Ken-ichiro 2013
ISBN 978-4-08-720703-3 C0236

造本には十分注意しておりますが、乱丁・落丁（本のページ順序の間違いや抜け落ち）の場合はお取り替え致します。購入された書店名を明記して小社読者係宛にお送り下さい。送料は小社負担でお取り替え致します。但し、古書店で購入したものについてはお取り替え出来ません。なお、本書の一部あるいは全部を無断で複写複製することは、法律で認められた場合を除き、著作権の侵害となります。また、業者など、読者本人以外による本書のデジタル化は、いかなる場合でも一切認められませんのでご注意下さい。

Printed in Japan

a pilot of wisdom

a pilot of wisdom

集英社新書　好評既刊

爆笑問題と考える　いじめという怪物
太田 光／NHK「探検バクモン」取材班　0691-B
いじめはなぜ起きてしまうのか。爆笑問題が現場取材し、尾木ママたちとも徹底討論、その深層を探る。

水玉の履歴書
草間彌生　0692-F
美術界に君臨する女王がこれまでに発してきた数々の言葉から自らの闘いの軌跡と人生哲学を語った一冊。

武術と医術 人を活かすメソッド
甲野善紀／小池弘人　0693-C
科学、医療、スポーツなどにおける一方的な「正当性」を懐疑し、人を活かすための多様なメソッドを提言。

宇宙は無数にあるのか
佐藤勝彦　0694-G
「この宇宙」は一つではなかった！　インフレーション理論の提唱者が「マルチバース」を巡る理論を解説。

TPP 黒い条約
中野剛志・編　0695-A
TPP参加は「主権」の投げ売りだ！　締結後の日本はどうなる？『TPP亡国論』著者らの最後の警鐘。

部長、その恋愛はセクハラです！
牟田和恵　0696-B
セクハラの大半はグレーゾーン。セクハラ問題の第一人者が、男性が陥りがちな勘違いの構図をあぶりだす。

風景は記憶の順にできていく〈ノンフィクション〉
椎名 誠　0697-N
浦安、熱海、中野、神保町、浅草……。作家の原点となった街や町を再訪。記憶をたどるシーナ流〝心の旅〟。

不安が力になる―日本社会の希望
ジョン・キム　0698-C
成長至上主義から抜け出し、新たな価値観を手にしようとしている日本社会の可能性と課題について論じる。

名医が伝える漢方の知恵
丁 宗鐵　0699-I
「体質」を知れば道は拓ける。人生後半に花を咲かせるために何が必要か、漢方医学に基づいてアドバイス。

グラビア美少女の時代〈ヴィジュアル版〉
細野晋司／鹿島 茂／濱野智史／山下敦弘ほか　030-V
ニッポン雑誌文化の極致「グラビア」の謎と魅力を徹底検証。歴史的写真の数々をオールカラーで収録！

既刊情報の詳細は集英社新書のホームページへ
http://shinsho.shueisha.co.jp/